성공한 사람들의 20가지 시간관리 습관

미루지 말고 바로 행동하라

성공한 사람들의
20가지
시간관리 습관

백미르 지음

다온길

머리말

하루에 주어진 시간은 누구에게나 공평하게 24시간입니다. 이는 세계를 무대로 활약하는 유명한 연예인, 성공한 사업가, 천재 학자에게도, 그리고 우리 모두에게도 마찬가지입니다. 그런데 왜 일부 사람들은 주어진 시간을 통해 놀라운 성과를 이루는 반면 다른 사람들은 시간 부족에 허덕이며 일상을 보내는 걸까요? 그 차이는 바로 '시간관리'에 있습니다.

이 책은 바쁜 일상 속에서도 시간을 잘 활용하여 성공하고, 건강을 유지하며, 가족과 친구와의 소중한 시간을 확보하는 방법을 알려줍니다. 시간을 효과적으로 관리하면, 더 많은 일을 할 수 있을 뿐만 아니라 삶의 질을 향상시킬 수 있습니다.

시간관리의 중요성에 대해 이해를 돕기 위해 빌 게이츠의 예를 들어 설명하려 합니다. 그는 하루를 여러 블록으로 나누어 업무와 개인 생활을 균형있게 관리합니다. 이러한 방법을 통해 그는 세계에서 가장 부유한 사람 중 한 명의 위치를 차지하면서도 가족과 보내는 시간, 책을 읽는 시간, 운동하는 시간 등을 적절히 확보하고 있습니다. 이렇게 보면 시간관리는 단지 일을 효율적으로 처리하는 방법이 아니라 삶의 질 자체를 향상시키는 중요한 도구임을 알 수 있습니다.

세계적인 IT 기업인 애플의 공동 창업자인 스티브 잡스 역시 시간관리에 특별했던 사람입니다. 그는 일과 삶의 균형을 잘 맞추기 위해 '시간 블록킹'이라는 시간관리 기법을 활용했습니다. 그는 하루를 여러 개의 블록으로 나누고, 각 블록에 특정한 작업을 할당하여 집중력을 높이고 효율성을 극대화했습니다. 이 '시간 블록킹' 기법을 통해 스티브 잡스는 혁신적인 제품 개발뿐만 아니라 건강, 가족, 취미 등 삶의 여러 영역을 균형 있게 관리하는 데 성공했습니다.

이 책에서는 이런 사례들을 통해 시간관리의 중요성과 그 방법을 배웁니다. 또한 시간관리에 도움이 될 수 있는 다양한 도구들을 소개합니다. 예를 들어 Google Calendar나 Todoist와 같은 앱들은 일정 관리와 시간 배분에 큰 도움이 됩니다.

이 책을 통해 여러분은 시간을 효율적으로 활용하는 방법을 배우게 될 것입니다. 성공한 사람들이 그러한 방법을 통해 삶의 질을 향상시킨 것처럼 이 책 역시 여러분의 삶에 긍정적인 변화를 가져다 줄 수 있기를 기대합니다. 이 책이 여러분의 소중한 시간을 가치 있게 보내는 데 도움이 되기를 바라는 마음으로, 적극적인 도전과 변화를 응원합니다.

백미르

차례

제2장
시간관리, 성공으로의 첫걸음

제3장
시간관리와 삶의 품격을 높이는 방법

제4장
시간관리의 실제 적용 사례

제5장
시간관리에 도움이 되는 도구들

제1장

성공적인 시간관리 전략

성공한 사람들의 20가지 시간관리 습관

01
시간관리란 무엇인가?

시간관리에 대해 깊이 이해하고 실천하기 위해서는, 먼저 '시간'이라는 개념 자체를 정확하게 이해하는 것이 중요합니다.

시간이란 것은 과학적으로는 우주의 네 번째 차원으로, 우리가 경험하는 모든 사건들이 일어나는 연속적인 순간들을 말합니다. 그러나 우리의 일상에서 시간은 더욱 실질적이고 개인적인 의미를 가집니다.

일상적인 관점에서 볼 때, 시간은 우리가 살아가는 동안 겪는 일련의 사건들, 즉 우리의 경험들을 순서대로 배치하는 방법입니다. 시간은 우리가 일어나서 잠자리에 들기까지의 모든 활동을 계획하고 조정하는 데 사용되는 구조적인 틀이기도 합니다. 이런 관점에서 시간은 매우 중요한 자원이며, 우리의 삶을 효과적으로 관리하려면 이 시간을 어떻게 활용하는지가 중요하게 됩니다.

그런데 시간은 참 흥미로운 성질을 가지고 있습니다. 우리가 즐거운 시간을 보내고 있을 때는 시간이 '빠르게' 가는 것처럼 느껴지고, 반대로 지루하거나 힘든 시간을 보내고 있을 때는 시간이 '느리게' 흐르는 것처럼 느껴집니다. 이렇게 시간은 객관적인 존재임에도 불구하고 우리가 그것을 경험하는 방식은 주관적입니다.

이렇게 볼 때, 시간관리는 단순히 시간을 잘게 나누어 일과를 계획하는 것을 넘어, 우리의 삶을 어떻게 가치 있게 만들 것인지, 어떤 일에 얼마나 많은 시간을 할애할 것인지를 결정하는 과정이라고 볼 수 있습니다. 이는 우리가 시간이라는 귀중한 자원을 어떻게 활용하고, 우리의 삶을 어떻게 이끌어 갈 것인지에 대한 중요한 판단입니다.

따라서 시간관리를 배우고 실천하는 것은 우리가 우리의 삶을 어떻게 살아갈 것인지, 어떤 가치와 목표를 추구할 것인지에 대해 깊이 고민하고 결정하는 과정까지 포함하게 됩니다. 이는 단순히 시간을 효율적으로 활용하는 것을 넘어, 우리의 삶 자체를 효과적으로 '관리'하는 것이라고 할 수 있습니다.

'시간이 우주의 네 번째 차원'이라는 말은 아인슈타인의 상대성 이론에서 유래한 개념입니다. 이 이론은 시간과 공간을 분리된 개념으로 보지 않고, 하나의 연속된 4차원 공간을 형성하는 '시공간'이라는 개념을 도입하였습니다.

우리가 일상에서 경험하는 세 가지 차원, 즉 너비, 높이, 깊이는 공간의 차원입니다. 이 세 가지 차원을 통해 우리는 물체의 위치를 정의하고, 사물 사이의 거리를 측정할 수 있습니다. 그러나 아인슈타인은 이 세 가지 공간차원 외에도 시간이라는 네 번째 차원이 있다고 주장하였습니다.

아인슈타인에 따르면, 시간은 공간과 동일한 성질을 가진 차원으로, 사건이 발생하는 순서를 결정하고, 사건들 사이의 시간적 거리를 측정하는 데 사용됩니다. 이렇게 시간과 공간을 하나의 연속적인 시공간으로 보는 관점은, 우리가 우주를 이해하는 데 있어서 매우 중요한 통찰을 제공합니다.

이렇게 볼 때, '시간이란 우주의 네 번째 차원'이라는 말은 시간이 단순히 사건이 발생하는 순서를 나타내는 것 이상의 의미를 가지며, 우리가 우주를 이해하는 데 중요한 역할을 하는 차원이라는 것을 의미합니다.

시간관리란 단어는 말 그대로 시간을 잘 관리하는 것을 이야기하는 것처럼 보일 수 있습니다. 그러나 이것은 단순히 시계를 보고 일정을 조정하는 것 이상의 복잡성을 내포하고 있습니다. 시간관리는 알아차리지 못하는 시간의 흐름을 인식하고, 이를 효과적으로 활용하여 우리의 생활을 개선하는 방법에 대한 심도 있는 생각과 접근이 요구됩니다.

시간관리는 우리의 일상생활은 물론 업무, 학습 등 다양한 활동에 적용되는 핵심적인 능력입니다. 이 능력은 우리가 가진 제한된 시간이라는 귀중한 자원을 가장 효과적으로 활용하도록 돕는 도구이자 노하우입니다. 이를 통해 우리는 목표 설정에서부터 실행, 그리고 그 결과의 달성까지의 과정을 보다 원활하게 이끌어 낼 수 있습니다.

시간관리는 크게 세 가지 핵심 요소로 구성되어 있습니다.

첫 번째는 '시간인식'입니다. 시간인식이란 우리가 어떻게 시간을 이해하고, 그것을 어떻게 경험하고 체감하는지에 대한 개념을 의미합니다. 이것은 시간을 효과적으로 관리하고 활용하는 데 있어서 굉장히 중요한 첫 단계로서, 매우 중요한 개념입니다.

시간인식이란 개념은 우리가 하루를 보내면서 어떻게 시간을 사용하는지, 어떤 활동에 얼마나 많은 시간을 쓰는지를 이해하고 그것을 인지하는 것을 중심으로 합니다. 우리는 때때로 "시간이 너무 빠르게 흐른다" 또는 "오늘 하루가 어떻게 지나갔는지 모르겠다"라는 생각을 하는데, 이러한 생각이 드는 것은 우리가 시간에 대한 정확한 인식이 부족하기 때문에 생기는 현상입니다.

시간인식을 향상하는 첫 번째 방법으로는 '시간 로그'를 작성하는 것을 추천합니다. 시간 로그란 하루 동안 어떤 활동을 얼마나 오랫동안 했는지를 세세하게 기록하는 것을 의미합니다. 이러한 시간 로그를 통해 우리는 자신이 하루 동안 어떤 활동에 시간을 얼마나 투자했는지, 그리고 그 시간이 자신의 목표나 가치와 어떻게 일치하는지를 파악하고 이해할 수 있습니다.

'SNS를 보는 데, 하루에 3시간이나 쓰고 있었다'라는 사실을 알게 되면, 그 시간을 다른 더 중요하고 가치 있는 활동에 사용할 수 있도록 시간을 재배치하는 계기가 될 수 있습니다. 이런 방식으로 시간인식은 우리가 어떻게 시간을 사용하는지의 패턴을 이해하게 도와주고, 그에 따라 시간을 더 효과적으로 관리할 수 있는 기반을 마련해주는 중요한 과정이 됩니다.

두 번째는 '우선순위 설정'입니다. 우리가 가진 일들을 모두 동시에 처리하는 것은 불가능하므로 일상 속에서 중요한 일과 급한 일, 그리고 중요하지 않고 급하지 않은 일을 선별하고 구분하는 능력이 필수적이라고 할 수 있습니다.

우선순위 설정이란 구체적으로 우리가 가진 일들 중에서 어떤 일을 먼저 처리할 것인지를 결정하는 과정을 의미합니다. 이 결정은 우리의 개인적인 목표, 가치, 그리고 현재 상황을 종합적으로 고려하여 이루어집니다. 중요한 일이 무엇인지, 그리고 그 일들을 어떤 순서로 처리할 것인지를 결정하는 것은 우리가 한정된 시간을 효과적으로 활용하고, 목표를 달성하는 데 있어 중요한 역할을 하는 것이 분명합니다.

그렇다면, 우선순위 설정을 위해서는 어떤 절차를 거쳐야 할까요? 첫 번째로, 우리가 해야 할 일들을 명확히 인식하고 이해하는 것이 필요합니다. 그 다음 단계에서는 그 일들이 우리의 목표와 가치에 어떻게 부합하는지를 평가해야 합니다. 이런 평가 과정을 통해 우리는 가장 중요하고 급한 일들을 먼저 처리하고, 그 다음으로 중요한 일들을 차례대로 처리할 수 있게 됩니다.

이렇게 우선순위를 설정하는 과정은 우리가 한정된 시간을 가장 중요한 일에 집중하는 데 사용할 수 있게 돕는 도구로 작용합니다. 이로 인해 우리는 시간을 더 효과적으로 활용하고, 우리의 삶을 더욱 풍요롭게 만드는 데에 기여할 수 있습니다.

시간관리를 위해서는 우선순위 설정의 중요성을 이해하고, 이를 통해 우리의 시간을 효과적으로 관리하는 방법을 학습하는 것이 중요합니다.

세 번째는 '계획 및 일정 관리'입니다. 우리의 일상적인 활동을 조직화하고, 어떻게 시간을 가장 효율적으로 활용할 것인지에 대한 구체적인 방안을 설정하고 이를 실행하는 과정을 포함합니다. 이것은 단순히 일을 정리하고 시간을 배분하는 것을 넘어서, 우리의 생활 패턴과 목표를 반영하는 중요한 요소입니다.

계획 및 일정 관리는 우리가 어떤 일을 언제, 어떻게 수행할 것인지를 결정하는 것을 의미합니다. 이는 우리의 우선순위를 반영하며, 우리의 목표를 달성하기 위한 구체적인 단계와 일정을 설정하는 역할을 합니다. 이렇게 정의된 계획과 일정은 우리가 시간을 효과적으로 활용하는 데 도움이 됩니다.

이를 위해 우리는 먼저 우선순위에 따라 일을 배열하고, 그 일들을 어떻게 수행할 것인지에 대한 세부 계획을 세워야 합니다. 이러한 계획은 우리가 시간을 효과적으로 활용하고, 목표를 향해 지속적으로 진행하는 데 필요한 구조를 제공합니다. 그 다음에는 그 계획을 실제로 실행하고, 그 과정에서 발생하는 문제를 해결하며, 필요한 경우 계획을 수정하거나 조정해야 합니다. 계획 및 일정 관리는 생산성을 향상시키고, 우리의 삶의 질을 높이는 데에 큰 도움이 됩니다. 이는 우리가 시간을 효과적으로 활용하면서도 스트레스를 줄이고, 우리의 삶을 더욱 풍요롭고 가치 있는 것으로 만들기 때문입니다.

따라서, 시간관리를 위해서는 계획 및 일정 관리의 중요성을 이해하고, 이를 통해 우리의 시간을 효과적으로 관리하는 방법을 학습하는 것이 중요합니다.

시간관리는 단순히 시간을 관리하는 것이 아니라, 우리의 목표를 달성하기 위해 시간을 어떻게 효율적으로 활용할 것인지에 대한 전략을 수립하는 과정이라고 볼 수 있습니다.

02
우선순위 설정

우선순위 설정이란 우리가 일상에서 수많은 결정을 내리는 과정에서 핵심적인 역할을 하는 것으로, 그 중요성이 더욱 강조됩니다. 왜냐하면, 하루에 할 수 있는 일이 한정되어 있기 때문에, 어떤 일을 먼저 처리해야 하는지에 대한 판단이 필요하게 되는데, 그런 선택 과정을 돕는 것이 바로 '우선순위 설정'입니다.

우선순위 설정의 중요성

우선순위 설정은 우리가 할 일들 중 어떤 것을 먼저 처리할지 결정하는 과정을 말합니다. 이 과정은 개인적인 일상에서부터 전문적인 업무에서도 중요한 역할을 합니다.

첫 번째로, 효과적인 시간관리에 필수적입니다. 우리에게 주어진 시간은 한정적이며, 인생이란 결국 그 한정된 시간을 어떻게 활용하느냐에 따라 결정됩니다. 우선순위를 잘 설정하면, 가장 중요하고 가치 있는 일에 우리의 시간과 에너지를 투자할 수 있습니다. 이렇게 되면, 시간을 낭비하는 일 없이, 가장 중요한 일에 집중하여 효율적으로 시간을 활용할 수 있게 됩니다.

두 번째로, 스트레스 관리에도 도움이 됩니다. 일상생활에서 우리는 수많은 일들과 마주하게 되는데, 이 모든 일을 한 번에 처리하려고 하면 큰 스트레스를 받을 수 있습니다. 하지만 우선순위를 설정함으로써, 가장 중요한 일부터 차근차근 처리해 나갈 수 있습니다. 이런 방식은 우리의 마음을 집중시키고, 불필요한 스트레스를 줄여주므로 훨씬 더 효과적인 일 처리가 가능하게 됩니다.

세 번째로, 목표 달성에 큰 도움을 줍니다. 우리 모두가 달성하고 싶은 목표들이 있을 텐데, 그 목표를 달성하기 위해서는 우선순위 설정이 필수적입니다. 우선순위를 통해 가장 중요한 일, 즉 목표 달성에 가장 크게 기여하는 일에 집중하게 되면, 목표를 효과적으로 달성할 수 있습니다.

마지막으로, 우선순위 설정은 우리의 의사결정 과정에서도 중요한 역할을 합니다. 어떤 일을 먼저 할지, 어떤 것을 중요하게 생각할지에 따라 우리의 선택은 달라집니다. 이런 선택은 결국 우리의 생활을 결정짓게 됩니다.

우선순위 설정은 우리의 시간관리, 스트레스 감소, 목표 달성, 의사결정 등의 여러 면에서 중요한 역할을 합니다. 이를 통해 우리는 더 효율적이고 성공적인 삶을 살아갈 수 있게 됩니다.

효과적인 우선순위 설정 방법

우선순위를 설정하는 방법에는 여러 가지가 있습니다. 그 중한 가지 방법은 '중요성'과 '긴급성'을 고려하는 것입니다. '중요한 일'이란 우리가 달성하고자 하는 목표에 있어서 장기적인 관점에서 바라봤을 때 큰 도움이 되는 일들을 의미합니다. 이런 일들은 우리가 장기적인 성과를 이루기 위해 필요하며, 때로는 당장의 긴급성은 부족할 수 있지만 그 중요성은 변하지 않습니다. 반면에 '긴급한 일'이란 바로 당장 처리해야 할 일들을 의미하며, 이런 일들은 주로 단기적인 문제를 해결하거나 즉각적인 결과를 요구하는 경우가 많습니다. 그러나 이런 일들이 우리의 장기적인 목표 달성에 직접적으로 기여하는 것은 아닙니다.

우선순위 설정의 핵심 원칙은 '중요한 일'을 '긴급한 일'보다 더 높게 평가하고 우선적으로 처리하는 것입니다. 왜냐하면 장기적인 목표를 달성하기 위해서는 중요한 일에 시간과 에너지를 충분히 투자해야 하기 때문입니다. 하지만 이런 원칙을 실천하는 것은 매우 쉽지 않습니다. '긴급한 일'은 때때로 우리의 주의를 즉각적으로 요구하고, 그로 인해 '중요한 일'이 뒷전으로 밀리는 경우가 많기 때문입니다.

또 다른 방법으로는 '아이젠하워 매트릭스'라는 도구를 사용하는 것입니다. 시간관리에 있어 매우 유용한 도구로, 미국의 34번째 대통령이었던 '드와이트 D. 아이젠하워'가 제안한 방법론입니다. 일을 '긴급하고 중요한 일', '긴급하지 않지만 중요한 일', '긴급하지만 중요하지 않은 일', '긴급하지도 중요하지도 않은 일'의 네 가지 범주로 분류하여, 어떤 일에 우선적으로 집중해야 하는지를 판단하는 데 도움을 줍니다.

1. 긴급하고 중요한 일 : 이 일들은 즉시 처리해야 하는 일들로, 대체로 예기치 못한 문제나 긴급한 일들이 이 범주에 속합니다.

2. 긴급하지 않지만 중요한 일 : 이 일들은 장기적인 목표 달성에 기여하는 일들로, 개인적인 건강 관리, 관계 유지, 계획 수립 등이 여기에 속합니다.

3. 긴급하지만 중요하지 않은 일 : 이 일들은 다른 사람들로부터 받은 요청이나, 일정 등이 여기에 속하며, 이 일들은 종종 우리의 시간을 빼앗기도 합니다.

4. 긴급하지도 중요하지도 않은 일 : 이 일들은 대부분 시간 낭비로 볼 수 있는 일들로, 무의미한 습관, 불필요한 일 등이 여기에 속합니다.

아이젠하워 매트릭스

일의 성격	급한 일	급하지 않은 일
중요한 일	DO 긴급하고 중요한 일	DECIDE 긴급하지 않지만 중요한 일
중요하지 않은 일	DELEGATE 긴급하지만 중요하지 않은 일	ELIMINATE 긴급하지도 중요하지도 않은 일

이렇게 일을 분류함으로써, 우리는 우선순위를 명확하게 설정하고, 시간을 효과적으로 관리할 수 있게 됩니다. 이 매트릭스를 사용하면, 우리는 '긴급하고 중요한 일'에 즉시 대응하고, '긴급하

지 않지만 중요한 일'에는 계획적으로 접근하며, '긴급하지만 중요하지 않은 일'에는 가능한 한 적게 시간을 투자하고, '긴급하지도 중요하지도 않은 일'은 최대한 피하게 됩니다.

  우선순위 설정은 단번에 익힐 수 있는 것이 아니라 연습과 시간이 필요한 스킬입니다. 하지만 이를 체득하게 되면, 우리는 더욱 목표 지향적이고 효율적인 시간관리를 실현할 수 있게 됩니다. 따라서, 시간관리를 통해 삶의 질을 향상시키고 싶다면, 우선순위 설정에 대해 배우고 연습하는 것을 강력히 권장합니다.

03
목표 설정과 계획 수립

우리의 일상생활에서부터 업무, 학습 등 우리가 참여하는 다양한 활동에서 시간을 효율적으로 활용하는 데 있어 극히 중요한 역할을 수행합니다.

목표 설정과 계획 수립의 중요성

'목표 설정'은 우리가 어디로 가고자 하는지를 명확히 인식하고 이를 구체화하는 과정입니다. 이 과정은 마치 나침반과 같은 역할을 하는데, 그 이유는 목표 설정이 우리의 행동을 안내하며, 우리가 어떤 일에 집중하고, 어떤 결과를 추구할지 결정하는 데 도움을 주기 때문입니다. 목표가 명확할수록, 우리는 그 목표를 향해 효율적으로 나아갈 수 있습니다. 이렇듯 명확한 목표 설정은 우리가 원하는 결과를 얻는 데 필수적인 요소입니다.

다음으로, '계획 수립'은 설정한 목표를 달성하기 위해 어떤 단계를 거쳐야 하는지를 구체화하는 과정입니다. 이는 마치 우리가 가고자 하는 길을 안내하는 지도와 같은 역할을 합니다. 우리는 계획을 통해 어떤 일을 어떤 순서로 처리할지, 어떤 자원을 사용할지, 어떤 장애물을 극복해야 하는지 등을 명확하게 파악할 수 있습니다.

'목표 설정'과 '계획 수립'은 서로 밀접하게 연관되어 있습니다. 목표 없이 계획을 세우는 것은 방향 없이 길을 나아가는 것과 같습니다. 반대로, 계획 없이 목표만 설정하는 것은 목적지는 알지만 어떻게 가야 할지 모르는 것과 같습니다. 따라서, 우리는 목표를 설정하고, 그 후 그 목표를 달성하기 위한 계획을 세우는 과정을 동시에 수행해야 합니다.

SMART 목표 설정 방법

이 과정에서 중요한 것은 'SMART' 원칙을 활용하는 것입니다. 'SMART'는 Specific(구체적), Measurable(측정 가능), Achievable(달성 가능), Relevant(관련성 있는), Time-bound(시간 제한이 있는)의 첫 글자를 딴 것으로, 목표를 설정하고 계획을 수립하는 데 매우 유용한 지침입니다.

1. **Specific(구체적)** : 목표는 구체적이어야 합니다. 즉, 목표가 무엇인지, 언제, 어디서, 어떻게 이루어져야 하는지를 명확하게 설정해야 합니다. 예를 들어, '영어를 잘하고 싶다'보다는 '3개월 안에 토익 점수를 100점 올리겠다'와 같이 구체적으로 목표를 설정하는 것이 중요합니다.

2. **Measurable(측정 가능)** : 목표는 측정 가능해야 합니다. 이는 목표 달성을 위한 진도를 체크하고, 필요하다면 조정할 수 있게 해줍니다. 예를 들어, '토익 점수를 100점 올리겠다'는 목표는 토익 점수를 통해 측정할 수 있습니다.

3. **Achievable(달성 가능)** : 목표는 달성 가능해야 합니다. 너무 높은 목표는 도달하기 어렵고, 도전 의욕을 저하시킬 수 있습니다. 따라서 현실적인 범위 내에서 목표를 설정하는 것이 중요합니다.

4. **Relevant(관련성 있는)** : 목표는 개인이나 조직의 장기적인 목표나 가치와 일치해야 합니다. 이는 목표 달성의 의미를 높이

고, 동기를 부여하는 데 도움이 됩니다.

5. Time-bound(시간제한이 있는) : 목표는 시간제한이 있어야 합니다. 시간제한이 없는 목표는 미루게 되는 경향이 있습니다. 따라서, '3개월 안에'와 같이 명확한 시간제한을 설정하는 것이 필요합니다.

이처럼 'SMART' 원칙은 목표 설정에 있어서 매우 중요한 지침입니다. 이 원칙을 따르면, 우리는 더욱 명확하고 실현 가능한 목표를 설정할 수 있습니다.

'목표 설정'과 '계획 수립'은 시간관리의 핵심적인 요소입니다. 이를 통해 우리는 시간을 효율적으로 활용하고, 우리의 목표를 성공적으로 달성할 수 있습니다. 따라서 이 두 가지 요소를 잘 이해하고, 이를 실천하는 것이 중요합니다. 이 점을 잘 기억하시고, 성공적인 시간관리 전략을 만들어 나가는 데 이를 활용하시길 바랍니다.

04
시간을 효과적으로 사용하는 방법

첫 번째로, 목표 설정입니다. 시간을 효과적으로 관리하고자 한다면, 먼저 목표를 설정하는 것이 중요합니다. 이때, 'SMART 원칙'에 따라 목표를 설정하는 것이 바람직합니다. 이런 목표 설정은 우리가 어떤 일을 해야 할지, 그 일을 언제까지 해야 할지를 명확하게 해줍니다.

두 번째는 일정 계획입니다. 일정을 계획하고 이를 실행에 옮기는 것은 시간관리에서 빼놓을 수 없는 부분입니다. 하루의 일과를 미리 계획하고, 이 계획에 따라 행동하면 우리는 시간을 훨씬 더 효율적으로 활용할 수 있습니다. 이는 우리가 무엇을 언제 해야 하는지를 명확하게 인지하게 해주며, 이로 인해 시간 낭비를 줄일 수 있습니다.

세 번째는 우선순위 설정입니다. 모든 일에 동일한 중요성을 두는 것은 비효율적입니다. 중요하고 급한 일을 먼저 처리하고, 그다음 중요하지만 급하지 않은 일을 처리하는 '아이젠하워 매트릭스' 원칙을 활용해 보세요. 이 원칙은 우리가 해야 할 일들 중 어떤 것을 먼저 해야 할지를 명확하게 해줍니다.

네 번째로, 집중력 향상입니다. 집중력을 향상시키는 것은 시간을 효과적으로 사용하는 데 큰 도움이 됩니다. 명상이나 요가 등의 활동을 통해 집중력을 향상시킬 수 있으며, 이는 우리가 주어진 시간 동안 더 많은 일을 할 수 있게 도와줍니다.

다섯 번째로, 파도타기 원칙 활용입니다. 에너지 수준이 높은 시간에 중요한 일을 하고, 에너지 수준이 낮은 시간에는 덜 중요한 일을 하는 '파도타기 원칙'을 활용해 보세요. 이 원칙은 우리가 언제 가장 효율적으로 일할 수 있는지를 알려줍니다.

마지막으로, 휴식의 중요성 인식입니다. 꾸준히 일하는 것도 중요하지만, 적절한 휴식도 중요합니다. 휴식을 통해 에너지를 충전하고, 생산성을 높일 수 있습니다. 이는 우리가 일하는 시간 동안 더 많은 일을 할 수 있게 도와줍니다.

이렇게 6가지 방법들을 통해 시간을 효과적으로 관리하실 수 있습니다. 이 중 일부는 이미 알고 계시는 내용일 수도 있지만, 이런 전략들을 활용하면 일상생활에서 시간을 훨씬 더 효과적으로 사용할 수 있습니다.

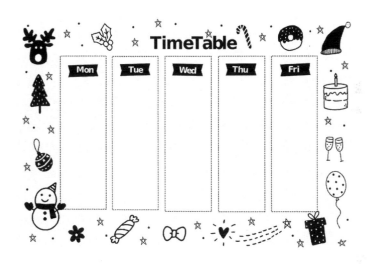

파도타기 원칙

인체의 생체 리듬, 특히 '순환체온 리듬'이라는 과학적인 개념을 바탕으로 만들어진 이론입니다. 이 '순환체온 리듬'이란 우리의 체온이 하루 중 특정 시간에 높아지는 현상을 말하는데, 이때 우리의 에너지 수준도 함께 높아집니다. 이러한 에너지의 변화를 파도의 움직임에 비유하여 '파도타기 원칙'이라는 이름이 붙

여진 것입니다.

　일반적으로 대부분의 사람들은 아침에 일어나서 점심시간 전까지의 시간대에 에너지가 높아지며, 그 후 에너지 수준이 감소하다가 다시 오후 늦게 에너지가 상승하는 경향을 보입니다. 이 두 시간대를 '파도의 봉우리'라고 표현하곤 합니다.

　이 '파도타기 원칙'은 이러한 에너지가 높은 시간대에 가장 중요하거나 집중력이 필요한 일을 수행하는 것을 권장하고 있습니다. 이에 반해 에너지가 상대적으로 낮은 시간에는 비교적 덜 중요하거나 덜 집중력이 필요한 일을 하는 것이 이상적이라는 것이 이 원칙의 핵심입니다.

　하지만 이 원칙은 절대적인 것이 아니라 개인의 생체 리듬에 따라 유연하게 적용될 수 있습니다. 예를 들어, 어떤 사람들은 아침형 인간으로 아침에 에너지가 가장 높은 반면, 어떤 사람들은 저녁형 인간으로 밤에 에너지가 높아질 수 있습니다. 그래서 개인의 에너지 봉우리가 언제인지를 정확하게 파악하고, 그에 맞추어 작업을 배치하는 것이 '파도타기 원칙'을 효과적으로 활용하는 방법입니다.

　이 '파도타기 원칙'을 잘 활용하면, 시간을 훨씬 더 효과적으로 관리하고, 일과 생활의 균형을 잡는 데 큰 도움이 될 수 있습니다.

왜 시간을 효과적으로 사용해야 하는 걸까?

시간은 우리 모두가 공평하게 가진 한정된 자원입니다. 하루는 24시간, 한 주는 7일로 이루어져 있으며, 이 시간을 어떻게 활용하느냐에 따라 우리의 삶의 질과 성취도가 결정됩니다. 따라서 시간을 효과적으로 관리하는 것은 굉장히 중요합니다.

우선, 시간을 잘 관리한다면, 동일한 시간 동안 더 많은 일을 처리할 수 있습니다. 즉, 생산성이 향상되는 것입니다. 이는 일이나 학습 등을 수행할 때 시간을 효율적으로 활용함으로써 더 많은 결과를 만들어낼 수 있다는 것을 의미합니다. 예를 들어, 학습 시간을 잘 관리하면 동일한 학습 시간 동안 더 많은 내용을 배울 수 있습니다.

또한, 마감일에 쫓기는 일이 줄어들어 스트레스를 감소시킬 수 있습니다. 일을 마감하기 위해 밤을 새우거나, 일을 미루다가 마지막에 서둘러 처리하는 등의 상황은 큰 스트레스를 주기 마련입니다. 이런 상황을 방지하기 위해 시간을 잘 관리하면 작업에 대한 스트레스를 크게 줄일 수 있습니다.

개인적이나 직장에서의 목표 달성에도 큰 도움이 됩니다. 목표를 달성하기 위해선 계획적인 시간관리가 필요하며, 이를 통해 목표를 시간 내에 달성할 수 있습니다.

여가 활동이나 휴식을 즐기는 시간을 더 많이 확보할 수 있습니다. 이는 우리의 삶의 질을 높이는 데 크게 기여합니다. 적절한 여가 시간은 우리의 생활에 활력을 주며, 휴식은 우리가 다시 일을 시작할 때 더욱 집중력 있게 일을 할 수 있게 해줍니다.

마지막으로, 새로운 기술을 배우거나 취미를 즐기는 등 자신을 개발하는 데 필요한 시간을 확보할 수 있습니다. 이러한 자기계발 시간은 우리의 역량을 키우는 데 중요한 역할을 합니다.

따라서, 시간을 효과적으로 사용하는 것은 우리의 삶을 더욱 풍요롭고 의미 있게 만들어주는 중요한 요소입니다. 시간은 되돌릴 수 없는 소중한 자원이기 때문에, 이를 최대한 효율적으로 사용하여 더 나은 삶을 위한 기반을 만들어가는 것이 중요합니다.

시간 사용의 효율화 및 시간 낭비 줄이기

시간 사용의 효율화는 시간을 가장 잘 활용하는 방법 중 하나입니다. 이는 우리의 일상생활, 작업 방식, 우선순위 설정 방법 등을 조정하여 가능하게 됩니다. 시간 사용의 효율화를 이루기 위한 중요한 원칙들이 있습니다.

첫 번째는 '작업 분할'입니다. 큰일을 작은 단위로 나누어 처리하면, 시간을 훨씬 효율적으로 사용할 수 있습니다. 이를 실제로 적용하는 한 가지 방법은 '포모도로 기법'입니다. 이 기법은 일을 25분 동안 집중해서 처리하고, 그 후 5분 동안 휴식을 취하는 방식으로, 이를 반복하면서 일을 처리하는 방법입니다. 이렇게 짧은 시간 동안 집중력을 최대한 높이고, 그 사이에 짧은 휴식을 취하는 것이 시간 사용의 효율화에 큰 도움이 됩니다.

두 번째는 '다중 작업 피하기'입니다. 동시에 여러 가지 일을 처리하려고 하면, 각각의 일에 집중하지 못하게 되므로 오히려 시간을 비효율적으로 사용하게 됩니다. 대신에 한 번에 하나의 일에 집중하여 처리하는 것이 시간 사용의 효율화에 도움이 됩니다.

세 번째는 '불필요한 일 줄이기'입니다. 우선순위를 잘 정하여 중요하지 않은 일은 뒤로 미루거나 완전히 제거하는 것이 중요합니다. 이렇게 함으로써 가장 중요한 일에 집중하고, 그에 따라 시간을 효율적으로 사용할 수 있습니다.

마지막으로, '도구 활용'이 있습니다. 시간을 관리하는 데 도움이 되는 도구를 활용하면 시간 사용을 더 효율적으로 할 수 있습니다. 이에는 다양한 일정 관리 앱, 타이머, 할 일 목록 등이 있습니다. 이러한 도구들을 활용하면 시간을 더욱 체계적으로 관리할 수 있습니다.

이러한 방법들을 통해 시간 사용의 효율화를 추구하면, 동일한 시간 동안 더 많은 일을 처리하거나, 더 많은 휴식 시간을 확보하는 등의 이점을 얻을 수 있습니다.

05
개인별 시간관리 전략

각자의 생활 패턴, 성향, 목표 등이 다르기 때문에, 개인별로 가장 효과적인 시간관리 전략이 달라질 수 있습니다.

시간의 가치 인식

먼저, '시간의 가치 인식'이 중요합니다. 시간의 가치를 인식한다는 것은 시간을 우리의 삶에서 가장 중요한 자원 중 하나로 보는 것을 의미합니다. 우리는 돈을 벌기 위해 시간을 투자하고, 휴식을 취하거나 친구와의 만남을 즐기기 위해서도 시간을 필요로 합니다. 또한, 배움이나 자기계발을 위해서도 시간이 필요합니다.

이처럼 우리의 모든 활동은 시간이라는 중요한 자원을 필요로 합니다.

그런데 문제는 시간이란 자원은 한정적이라는 점입니다. 하루는 불변의 24시간이며, 이 시간은 아무리 부자라도 늘릴 수 없습니다. 따라서 이 한정된 시간을 어떻게 사용하느냐는 매우 중요한 문제가 됩니다.

시간의 가치를 인식한다는 것은 이러한 시간의 중요성을 깨닫고, 그에 따라 시간을 어떻게 사용할지 결정하는 것을 의미합니다. 예를 들어, 일을 하다가 피곤함을 느낄 때, 시간의 가치를 인식하는 사람은 짧은 휴식을 취함으로써 재충전하는 시간을 가져야 한다는 것을 알고, 이를 행동으로 옮깁니다.

또한, 시간의 가치를 인식하는 사람은 불필요한 일에 시간을 낭비하는 것을 피합니다. 늘어지는 회의나 불필요한 소통 등에 시간을 낭비하는 대신, 그 시간을 더 중요한 일에 투자하거나, 휴식이나 가족과의 시간 등에 활용합니다.

자기분석

자신의 행동, 성향, 강점, 약점 등을 깊이 이해하는 과정으로, 이는 우리가 시간을 어떻게 사용하고, 어떤 활동에서 가장 효과적인 결과를 얻을 수 있는지를 파악하는 데 중요한 역할을 합니다.

먼저, 생활 패턴을 파악하는 것이 중요합니다. 이는 하루 중 언제 가장 생산적인지, 어떤 활동을 할 때 가장 집중력이 높은지 등을 알아내는 것을 포함합니다. 어떤 사람들은 아침에 가장 활동적이라 아침에 가장 중요한 작업을 처리하는 것이 좋을 수 있습니다. 반면에 다른 사람들은 저녁이나 밤에 가장 집중력이 높아질 수 있습니다. 이러한 개인의 생활 패턴을 이해하고 이에 따라 일정을 계획하면, 시간을 더욱 효과적으로 활용할 수 있습니다.

다음으로, 자신의 강점과 약점을 파악하는 것이 필요합니다. 강점은 자신이 잘하는 일로, 이를 최대한 활용하면 생산성을 높일 수 있습니다. 반면에 약점은 개선해야 할 부분으로, 이를 인식하고 개선하려는 노력을 통해 전반적인 작업 효율성을 높일 수 있습니다.

그리고, 개인의 성향을 이해하는 것도 중요합니다. 예를 들어, 완벽주의 성향을 가진 사람은 작업을 시작하는 데 망설임이 있을 수 있습니다. 이런 사람들은 '완벽'보다 '완료'에 집중하는 것이 도움이 될 수 있습니다. 반면에 일을 미루는 경향이 있는 사람은 작은 목표를 세우고 이를 달성하는 것부터 시작하는 것이 좋습니다.

마지막으로, 자신이 중요하게 생각하는 가치와 목표를 명확히 알아야 합니다. 이를 통해 우선순위를 설정하고, 시간을 어떻게 배분할지 결정할 수 있습니다. 또한, 이는 자신이 어떤 일을 왜 하는지에 대한 동기를 제공하므로, 일의 질과 효율성을 높이는 데 도움이 됩니다.

이처럼 자기분석은 시간관리를 위한 중요한 단계입니다. 이를 통해 자신을 더 잘 이해하고, 생활을 개선하며, 시간을 더욱 효과적으로 활용하는 방법을 찾아낼 수 있습니다.

데일리 루틴 구축

각자의 생활에서 매일 반복적으로 이어지는 일상의 패턴이나 습관을 의미합니다. 이는 우리가 일상적인 활동을 자동화하게 해주어, 더 복잡하고 중요한 일들에 집중할 수 있게 도와주는 역할을 합니다. 특히, 데일리 루틴을 구축하는 것은 일과 생활의 균형을 유지하고, 시간을 효과적으로 관리하는 데 큰 도움이 됩니다. 이를 통해 생활의 질을 향상시키고, 스트레스를 감소시키는 데에도 큰 역할을 합니다.

첫 번째로, 아침 루틴은 하루를 시작하는 데 중요한 역할을 합니다. 아침에 일어나자마자 무엇을 해야 할지 미리 정해두면, 하루를 더욱 생산적으로 시작할 수 있습니다. 예를 들어, 운동을 통해 몸을 깨우거나, 명상을 통해 마음의 안정을 찾는 것, 또는 건강한 아침 식사를 통해 에너지를 충전하는 것 등이 포함될 수 있습니다.

두 번째로, 작업 루틴은 일 중에 어떤 작업을 언제 할지를 정하는 것을 포함합니다. 이는 우선순위를 설정하고, 작업을 효율적으로 관리하는 데 도움이 됩니다. 예를 들어, 가장 중요한 작업은 에너지가 가장 많은 아침에, 그리고 덜 중요한 작업은 상대적으로 여유로운 오후에 처리하는 것이 좋을 수 있습니다.

마지막으로, 저녁 루틴은 하루를 마무리하는 데 중요한 역할을 합니다. 이는 잠자리에 들기 전에 휴식을 취하고, 다음 날을 위해 머리와 몸을 준비하는 것을 포함합니다. 예를 들어, 책을 읽어서 마음을 편안하게 하거나, 목욕을 통해 피로를 풀거나, 다음 날의 일정을 계획하는 것 등이 포함될 수 있습니다.

데일리 루틴은 개인의 생활 스타일과 선호도에 따라 그 형태와 내용이 매우 다를 수 있습니다. 또한, 루틴은 유연성을 가지고 있어야 합니다. 즉, 상황에 따라 조정하고 개선할 수 있어야 합니다. 이렇게 자신만의 데일리 루틴을 구축하고 이를 따르는 것은 시간을 효과적으로 관리하고, 일과 생활의 균형을 유지하는 데 큰 도움이 됩니다. 이를 통해, 생활의 질을 향상시키고, 스트레스를 감소시키는 데에도 큰 역할을 합니다.

자기계발 시간 확보

자기계발이란 개인이 자신의 지식과 기술, 그리고 역량을 향상시키기 위해 스스로 노력하는 과정을 가리킵니다. 이는 개인에게 투자하는 가장 중요한 시간이며, 지속적인 자기계발은 개인의 성장과 발전에 필수적입니다. 이 과정은 시간과 헌신이 필요하며, 일상에서 이를 위한 시간을 찾는 것은 쉽지 않을 수 있습니다. 그러나 생활의 복잡함, 일상의 바쁨 등 여러 요인을 극복하고 자기계발 시간을 확보하는 것이 중요합니다.

자기계발 시간을 확보하는 방법에는 여러 가지가 있습니다.

첫 번째로, 일정 관리를 통해 자기계발에 활용할 수 있는 시간을 찾을 수 있습니다. 일정을 잘 관리하면, 일과 후 남는 시간을 자기계발에 활용하는 것이 가능합니다. 일정 관리 도구를 활용하거나, 시간을 블록 단위로 나누는 타임 블록킹 기법을 활용하는 것이 효과적입니다. 이는 일정을 조직화하고, 일과 시간과 자기계발 시간을 명확하게 구분함으로써, 시간을 최대한 효율적으로 활용하는 데 도움이 됩니다.

두 번째로, 일과 중간의 짧은 휴식 시간을 활용하는 것입니다. 짧은 휴식 시간 동안에도 자기계발에 활용할 수 있는 시간이 충분히 있습니다. 점심시간에 관련 분야의 책을 읽거나, 휴식 시간에 온라인 강의를 듣는 것이 좋은 예입니다. 이는 일상의 여유 시간을 활용하여 지식을 쌓는 데 도움이 됩니다.

세 번째로, 능률적인 학습 방법을 활용하는 것입니다. 학습 방법을 효율적으로 선택하면, 제한된 시간 내에서도 많은 것을 배울 수 있습니다. 스페이스드 리피티션(간격 반복 학습법)이나 SQ3R 기법, 코넬 메모 기법 등의 학습 방법을 활용하면, 학습의 효과를 극대화할 수 있습니다.

1. 스페이스드 리피티션(간격 반복 학습법)

간격 반복 학습법은 학습한 내용을 장기 기억으로 전환하는 데 매우 효과적인 방법입니다. 이 방법은 처음 정보를 학습한 후 일정한 간격으로 그 정보를 반복하여 복습하는 것을 기반으로 합니다.

이 방법의 원리는 '잊어버림의 곡선' 이론에 기반을 두고 있습니다. 이 이론은 처음 정보를 학습하고 나면 시간이 지남에 따라 그 정보를 점차 잊어버린다는 것을 설명합니다. 하지만 해당 정보를 복습하면 잊어버림의 곡선이 초기화되고 더 완만한 곡선이 되어, 즉 정보를 더 오래 기억할 수 있게 됩니다.

스페이스드 리피티션 학습법에서는 처음에는 학습한 내용을 짧은 간격으로 복습합니다. 그리고 각 복습이 이루어질 때마다 그 간격이 점점 길어집니다. 이런 식으로 학습하면, 학습한 내용을 장기 기억으로 전환하는데 도움이 됩니다.

예를 들어, 새로운 단어를 학습했다면, 처음에는 학습한 단어를 몇 분 후, 몇 시간 후, 그리고 하루 후에 복습합니다. 그다음에는 며칠 후, 몇 주 후, 몇 달 후에 복습하는 식으로 복습 간격을 점차 늘려갑니다.

이러한 방법은 특히 언어 학습, 단어 암기, 시험공부 등에 매우 효과적입니다. 다양한 애플리케이션과 프로그램들이 이 학습법을 적용하여 사용자들이 더 효율적으로 학습할 수 있도록 도와주고 있습니다.

2. SQ3R 기법

SQ3R 기법은 학습자가 복잡한 텍스트나 긴 글을 이해하고 기억하는 데 도움을 주는 효과적인 학습법입니다. 'Survey(설문), Question(질문), Read(읽기), Recite(말하며 복습하기), Review(복습)'의 약자로, 이 5단계를 거쳐 정보를 효과적으로 처리하고 이해하는 데 도움을 줍니다.

1) Survey(설문) : 학습자는 학습하려는 자료를 빠르게 훑어보며, 전체적인 구조와 내용을 파악합니다. 제목, 부제목, 그림, 그래프, 표 등을 확인하며, 전체적인 흐름을 이해하려고 노력합니다.

2) Question(질문) : 이 단계에서는 학습자가 자신에게 텍스트와 관련된 질문들을 던지며, 이를 통해 학습 내용에 대

한 호기심과 관심을 높입니다. 이 질문들은 다음 단계인 '읽기' 단계에서 텍스트를 더욱 깊이 있게 이해하는 데 도움이 됩니다.

3) Read(읽기) : 이제 직접 텍스트를 깊이 있게 읽습니다. 이때, 앞서 만들어 둔 질문들을 염두에 두고 읽으며, 그에 대한 답을 찾아봅니다.

4) Recite(말하며 복습하기) : 읽은 내용을 자신의 말로 요약하며 다시 말해봅니다. 이는 학습한 내용을 잘 이해하고 있음을 확인하는 과정이며, 이해가 부족한 부분을 찾아내는 데도 도움이 됩니다.

5) Review(복습) : 마지막으로, 학습한 내용을 복습합니다. 이 단계에서는 이해가 부족했던 부분을 다시 보거나, 중요한 포인트를 반복하여 보며, 학습한 내용을 장기 기억으로 전환하는 데 도움을 줍니다.

이러한 SQ3R 기법은 텍스트 기반의 학습에서 특히 효과적이며, 복잡하고 어려운 내용을 체계적으로 이해하고 기억하는 데 큰 도움을 줍니다.

3. 코넬 메모 기법

코넬 대학교의 교육학과에서 개발한 효율적인 노트 작성 방법입니다. 이 방법은 노트를 3개의 영역으로 나눠 정보를 정리하고, 이해를 깊게 하며, 복습을 용이하게 하는 데 초점을 맞추고 있습니다.

1) Questions(질문) 영역 : 노트의 왼쪽 부분에 위치하며, 여기에는 본문을 읽고 나서 생기는 질문이나 의문점을 작성합니다. 이 영역에 질문을 작성함으로써, 학습한 내용에 대해 더 깊게 생각하고 이해하는 데 도움이 됩니다.

2) Notes(메모) 영역 : 노트의 오른쪽 부분에 위치하며, 여기에는 강의나 독서를 통해 학습한 주요 내용을 정리합니다. 이 영역에는 핵심 개념, 사실, 아이디어 등을 간결하게 기록합니다.

3) Summary(요약) 영역 : 노트의 아래 부분에 위치하며, 여기에는 질문과 메모 영역의 내용을 바탕으로 한 간단한 요약문을 작성합니다. 이 요약문은 복습 시 학습 내용을 빠르게 회상하는 데 도움이 됩니다.

마지막으로, 일상생활에서 학습하는 것입니다. 일상생활에서도 학습의 기회는 충분히 있습니다. 이동 시간에 오디오북을 듣거나, 대기 시간에 관련 분야의 기사를 읽는 것 등이 좋은 예입니다. 이는 일상생활의 다양한 순간들을 활용하여 지속적으로 학습하는 데 도움이 됩니다.

이렇게 자기계발 시간을 확보하고 이를 통해 지속적으로 성장하려는 노력은 개인의 역량을 향상시키는 데 큰 도움이 됩니다. 이는 더 나은 일과 생활의 균형을 이루는 데에도 기여하며, 개인의 목표를 효과적으로 달성하는 데 필수적인 요소입니다.

이러한 방법들을 통해 각자에게 가장 적합한 시간관리 전략을 세울 수 있습니다. 이를 통해 시간을 효과적으로 활용하면, 더 많은 일을 할 수 있고, 더 많은 성취를 이룰 수 있습니다.

06
시간관리의 핵심, 습관의 힘

습관은 우리의 행동을 결정하는 중요한 요소입니다. 의식적인 결정 없이도 우리는 습관에 따라 행동하게 되며, 이는 시간을 절약하고 효율성을 높일 수 있습니다. 그렇기 때문에 좋은 시간관리 습관을 형성하는 것은 시간을 효과적으로 활용하는 데 매우 중요합니다.

성공적인 시간관리를 위한 습관

1. 고정된 루틴
일정한 시간에 일정한 활동을 하는 것은 시간을 효율적으로 관리하는 데 도움이 됩니다. 예를 들어, 아침에 일어나서 가장 먼저 할 일을 정해두고, 그것을 먼저 수행하는 것이 좋습니다. 이런 루틴은 우리가 하루를 시작하는 데 필요한 시간과 에너지를 줄여주고, 하루를 계획적으로 시작할 수 있게 돕습니다. 이는 하루를 계획적으로 시작하게 하며, 일과의 순서를 지키는 데 도움이 됩니다.

2. 집중력 향상 습관

시간관리를 위해서는 집중력을 향상시키는 습관이 중요합니다. 이를 위해 '포모도로 기법' 등의 시간관리법을 활용하거나, 일정 시간 동안 스마트폰 등의 방해 요소를 멀리 두는 등의 습관을 형성할 수 있습니다. 이렇게 하면 불필요한 방해를 최소화하고, 주어진 시간에 최선을 다해 일을 수행할 수 있습니다.

3. 자기반성 시간

하루의 끝에는 그날의 일과를 되돌아보고, 어떤 일에 시간을 많이 쓰는지, 어떤 일이 시간 낭비였는지를 파악하는 습관이 중요합니다. 이를 통해 자신의 시간 사용 패턴을 이해하고, 시간을 더 잘 활용하는 방법을 찾을 수 있습니다. 이는 시간관리를 위한 자기반성의 시간이며, 개선점을 찾아내는 중요한 과정입니다.

4. 노트 작성 습관

아이디어나 해야 할 일이 떠오르면 바로 노트에 적는 습관을 가지는 것이 좋습니다. 이렇게 하면 그 생각이나 아이디어를 잊어버리는 일이 없고, 필요할 때 바로 찾아볼 수 있습니다. 이는 생각의 흐름을 정리하고, 미래의 일정을 계획하는 데 큰 도움이 됩니다.

5. 건강관리 습관

건강한 신체와 정신은 효과적인 시간관리의 기본입니다. 충분한 수면, 규칙적인 운동, 올바른 식사는 생산성을 높이고, 집중력을 향상시킵니다. 이는 우리의 일상생활에 가장 기본적이면서도 중요한 요소입니다.

이런 습관들은 시간관리뿐 아니라 삶의 질 향상에도 크게 기여합니다. 습관 형성은 쉽지 않지만, 일단 형성되면 큰 힘이 됩니다. 따라서, 이런 좋은 습관들을 하나씩 적용해보시는 것을 추천드립니다.

시간관리 습관을 유지하는 전략

첫 번째로 '작은 습관부터 시작하기"라는 전략입니다. 습관 형성이란 때때로 대단한 의지력을 필요로 하는 일로 인식되곤 합니다. 그러나 실제로 가장 효과적인 방법은 거대한 변화를 추구하기보다는 작은 변화부터 시작하는 것입니다. 예를 들어, 매일 1시간씩 운동하기를 강요받는 것보다는, 일단 10분씩 걷는 것부터 시작하는 것이 훨씬 접근성이 높습니다. 이는 시간관리에도 적용되는 원칙입니다. 매일 아침 30분 동안 일정을 계획하는 것이 부담스럽다면, 일단은 하루에 10분씩만이라도 할 일을 정리하는 것부터 시작하시는 것이 좋습니다. 이런 작은 습관들이 모여서 결국 큰 변화를 만들어냅니다.

두 번째 전략은 '목표 설정'입니다. 습관을 유지하려면 명확한 목표가 필요합니다. '시간을 잘 관리하겠다'는 추상적인 목표보다는 '매일 아침 10분 동안 내 일정을 계획하겠다'와 같이 구체적이고 측정 가능한 목표를 설정하는 것이 좋습니다. 이런 목표는 습관을 유지하는 데 필요한 동기를 부여하며, 스스로의 진척 상황을 확인하는 기준이 됩니다.

세 번째로는 '기록 유지'입니다. 습관의 진척 상황을 기록하는 것은 매우 중요합니다. 매일 아침 일정을 계획했다면, 그것을 다이어리나 앱에 기록하세요. 이를 통해 자신이 얼마나 잘 진행하고 있는지를 확인할 수 있습니다. 또한, 어떤 것이 잘되지 않았을 때, 그 원인을 찾아 개선할 수 있는 기회가 됩니다.

네 번째 전략은 '보상 시스템'입니다. 습관을 유지하는 것은 쉽지 않습니다. 그래서 자신에게 작은 보상을 주는 것이 좋습니다. 일주일 동안 매일 아침 일정을 계획했다면, 주말에 좋아하는 영화를 보거나, 좋아하는 음식을 먹는 것 같은 보상을 자신에게 주세요. 이는 습관을 유지하는 동안의 어려움을 극복하는 데 도움이 됩니다.

마지막으로 '환경 조성'입니다. 우리의 습관은 우리 주변 환경에 크게 영향을 받습니다. 따라서, 새로운 습관을 만들거나 기존의 습관을 유지하는 데 도움이 되는 환경을 조성하는 것이 중요합니다. 예를 들어, 일정을 계획하는 습관을 만들고자 한다면, 탁자 위에 일정 플래너를 항상 놓아두는 등의 환경을 만들 수 있습니다.

성공한 사람들의 시간관리 방법

빌 게이츠

마이크로소프트의 공동 창업자인 빌 게이츠는 매주 'Think Week'라는 시간을 설정하여, 아무런 방해 없이 생각하고, 책을 읽고, 미래에 대한 아이디어를 고민하는 시간을 갖는다고 합니다. 이는 그가 자신의 시간을 통제하고, 중요한 일에 집중하는 방법입니다.

일론 머스크

테슬라와 스페이스X의 CEO인 일론 머스크는 시간을 5분 단위로 관리하는 것으로 유명합니다. 이렇게 하여 그는 하루를 최대한 효율적으로 활용합니다. 또한 그는 멀티태스킹을 하고, 한 가지에 집중하는 것을 선호합니다.

마크 저커버그

메타의 CEO인 마크 저커버그는 의사 결정에 대한 시간을 줄이기 위해 매일 같은 옷을 입는 것으로 유명합니다. 이는 그가 더 중요한 결정을 내리는 데 시간과 에너지를 집중하기 위한 방법입니다.

팀 페리스

'나는 4시간만 일한다'의 저자인 팀 페리스는 업무의 효율성을 극대화하기 위한 다양한 전략을 제안하고 있습니다. 그는 '2분 이내로 해결할 수 있는 일은 바로 처리하라'는 2분 규칙을 제시하였고, 이를 통해 작은 일들이 쌓이는 것을 방지합니다. 또한 그는 일주일에 한 번, '정보 다이어트'를 실시하여 정보의 과부하를 방지하고, 집중력을 높이는 데 집중합니다.

리처드 브랜슨

버진 그룹 창업자인 리처드 브랜슨은 일찍 일어나는 습관을 강조합니다. 그는 이를 통해 하루를 시작할 때 집중력이 가장 높은 시간을 활용하고, 이 시간에 가장 중요한 일을 처리함으로써 하루를 효율적으로 활용합니다.

이런 사례들을 통해 볼 때, 성공한 사람들은 자신만의 시간관리 방법을 가지고 있습니다. 그들은 중요한 일에 집중하고, 불필요한 일에 대한 시간 낭비를 최소화하는 방법을 찾아냈습니다. 이는 그들이 시간을 통제하고, 자신의 목표를 향해 전진하는 데 도움이 되었습니다. 이러한 사례들은 우리 모두에게 유용한 시간관리 전략을 제공합니다.

07
성공적인 시간관리 노하우

성공적인 시간관리는 여러 가지 요소를 필요로 합니다.

첫째, 정리하는 습관이 중요합니다. 일상에서 마주하는 일들과 생각을 잘 정리하면 우선순위를 결정하는 데 도움이 됩니다.

둘째, 시간표와 스케줄을 작성하는 것입니다. 일일, 주간, 월간 스케줄을 세우면 시간을 효과적으로 관리할 수 있습니다.

셋째, 계획을 세우는 것이 중요합니다. 연간, 월간, 주간, 일간 계획을 세워 목표를 명확히 하고 그에 따라 시간을 분배하면 효율적인 시간 활용이 가능해집니다.

중요한 일을 먼저 처리하고, 불필요한 시간 낭비를 줄이는 것이 중요합니다. 이는 시간을 효율적으로 활용하는 데 큰 도움이 됩니다. 마지막으로, 건강을 유지하는 것이 중요합니다. 건강한 신체와 마음은 생산성을 높이는 데 중요한 역할을 합니다.

정리하는 습관이 중요하다

우리가 일상생활에서 마주하는 다양한 일들을 효율적이고 체계적으로 관리하고자 한다면 '정리하는 습관'이 반드시 필요합니다. 이것은 단순히 물리적인 공간을 정돈하는 것만을 의미하는 것이 아니라, 우리의 생각과 일정, 그리고 우선순위까지도 체계적으로 정리하고 관리하는 과정을 포함합니다.

첫 번째로, 생각을 정리하는 것은 우리의 마음을 깨끗하게 유지하는데 큰 도움이 되며, 명확한 목표를 설정하는 데에도 중요한 역할을 합니다. 매일 아침, 하루의 목표를 세우고 이를 적어두는 것은 생각을 정리하는 아주 좋은 방법입니다. 이렇게 하면 우리는 하루 동안 해야 할 일에 대해 집중할 수 있게 되고, 목표를 향해 더욱 효율적으로 나아갈 수 있게 됩니다.

두 번째로, 일정을 정리하는 것은 시간관리에 있어서 굉장히 중요한 부분입니다. 일정을 체계적으로 정리하고 관리하면, 우리는 어떤 일을 우선순위에 두어야 하는지, 어떤 일은 조금 미루어 두어야 하는지를 명확히 인식하게 됩니다. 이렇게 함으로써 우리는 시간을 더욱 효과적으로 활용할 수 있게 됩니다.

세 번째로, 물리적인 공간을 정리하는 것도 중요합니다. 깔끔하고 체계적으로 정리된 환경은 우리의 집중력을 높이고, 일의 생산성을 향상시키는 데에 큰 도움이 됩니다. 따라서, 일상생활에서 꾸준히 물리적인 공간을 정리하는 습관을 가지는 것이 바람직합니다.

이처럼 정리하는 습관을 가지고 있으면, 우리는 일상에서 마주하는 다양한 일들을 효과적으로 관리하고, 시간을 잘 활용하며, 목표를 달성하는 데에 큰 도움이 됩니다.

중요한 일부터 처리한다

직장에서는 매일 다양한 업무들이 계속해서 쌓이곤 합니다. 이처럼 다양한 일들이 복잡하게 얽혀 있을 때 '중요한 일부터 처리한다'는 원칙을 적용하게 된다면, 시간을 더 효과적으로 활용할 수 있게 되고, 이를 통해 전반적인 생산성을 크게 향상시킬 수 있게 됩니다.

오늘의 주요 업무로 보고서 작성, 이메일 확인 및 회답, 그리고 팀 회의 준비 등 세 가지 업무를 가정해봅시다. 이 세 가지 업무 중에서 어떤 것이 가장 중요한 일일까요? 이는 개인의 업무 목표와 우선순위에 따라 달라질 수 있습니다.

보고서의 제출 마감일이 곧 다가오고 있고, 그 보고서가 중요한 프로젝트의 일부라면, 먼저 보고서 작성을 시작하는 것이 가장 합리적일 것입니다. 이는 그 보고서가 당신의 업무 성과에 큰 영향을 미칠 수 있기 때문입니다. 따라서 이럴 경우에는 보고서 작성을 가장 먼저 처리하는 것이 좋습니다.

그 다음으로 중요한 일은 팀 회의 준비일 수 있습니다. 이 회의가 프로젝트의 진행 상황에 큰 영향을 미치는 중요한 역할을 하고 있다면, 보고서 작성을 완료한 후에 다음으로 회의 준비를 시작하는 것이 바람직합니다.

마지막으로, 이메일 확인 및 회답은 상대적으로 중요도가 낮을 수 있습니다. 이메일은 중요한 정보를 전달하는 수단이지만, 대부분의 경우 즉시 처리해야 하는 긴급한 상황은 아닐 수 있습니다. 그러므로, 다른 중요한 업무들을 모두 처리한 후에 이메일을 확인하고 회답하는 것이 더 효율적일 수 있습니다.

이와 같이, 위의 원칙을 직장에서 적용하면 제한된 시간 속에서 최대한의 성과를 얻을 수 있습니다. 이 원칙을 따르게 되면 우리의 업무 효율성과 생산성이 크게 향상될 수 있습니다. 이를 통해 우리는 업무를 더욱 능률적으로 처리할 수 있게 될 것입니다.

시간표와 스케줄 작성 방법

시간관리에서 가장 핵심적인 요소 중 하나는 효과적인 시간표와 스케줄을 세우는 것이며, 이를 꾸준히 따르는 것입니다. 이를 통해 우리는 시간을 효율적으로 활용하게 되며, 필요한 업무나 일상적인 일들을 예정된 시간에 정확하게 처리할 수 있습니다.

시간표와 스케줄을 작성하는 방법은 개인의 성향이나 상황에 따라 여러 가지가 존재하지만, 아래에 제시된 방법들은 대부분의 경우에 효과적일 수 있습니다.

첫 번째로, '명확한 목표 설정'이 있습니다. 시간표와 스케줄을 작성하기 전에, 우리는 무엇을 달성하고자 하는지 명확한 목표를 설정해야 합니다. 이렇게 목표를 설정함으로써 우리는 어떤 일을 우선순위에 두어야 하는지를 결정하는 데 큰 도움이 될 것입니다.

두 번째로, '일일, 주간, 월간 스케줄 작성'이 있습니다. 일일 스케줄은 그날의 업무를 세밀하게 관리하는 데 도움이 되며, 반면에 주간 스케줄과 월간 스케줄은 장기적인 목표를 추진하고 관리하는 데 큰 도움이 됩니다.

세 번째로, '우선순위 부여'가 필요합니다. 모든 일에 동일한 우선순위를 부여하는 것은 매우 비효율적입니다. 따라서, 중요한 일과 긴급한 일을 구분하고, 이에 따라 우선순위를 부여하는 것이 필수적입니다.

네 번째로, '유연성 유지'가 중요합니다. 모든 일정이 예상대로 진행되는 것은 아닙니다. 따라서, 변경 가능성을 고려하여 유연성을 유지하는 것이 바람직합니다.

마지막으로, '시간 낭비 방지'가 필요합니다. 스마트폰이나 인터넷 등으로 인해 쉽게 시간을 낭비할 수 있습니다. 이런 시간 낭비를 방지하기 위해, 특정 시간을 정해 이러한 활동을 제한하는 것이 좋습니다.

이처럼 효과적인 시간표와 스케줄을 작성하고 이를 실천하면 우리는 시간을 효율적으로 활용하고, 일을 생산적으로 처리할 수 있습니다. 이는 우리의 일상생활과 업무 생활을 더욱 풍요롭고 효율적으로 만들어 줄 것입니다.

연간, 월간, 주간, 일간 계획 세우는 방법

1. 연간 계획 세우기

연간 계획을 세울 때는 큰 목표를 설정하는 것이 중요합니다. 이 목표는 개인적인 것일 수도 있고, 직장이나 학교와 관련된 것일 수도 있습니다. 예를 들어, 올해 안에 특정한 자격증을 취득하거나 새로운 언어를 배울 수 있는 목표를 세울 수 있습니다. 이후 이 목표를 달성하기 위한 전략을 구체적으로 세워보세요. 이는 연간 계획을 세우는 데 있어 중요한 부분으로, 큰 그림을 그리는 것이므로, 자세한 사항보다는 전반적인 방향성에 집중하는 것이 좋습니다.

2. 월간 계획 세우기

월간 계획은 연간 계획의 세부적인 내용을 담아야 합니다. 이때 각 월마다의 주요 목표를 설정하고, 그 목표를 위해 어떤 일을 해야 할지 세부적으로 계획해보세요. 예를 들어, 1월에는 어떤 책을 읽고, 2월에는 어떤 프로젝트를 진행하는 등의 계획을 세울 수 있습니다. 월간 계획은 연간 계획을 세분화하여, 매월 어떤 일을 진행해야 하는지를 명확하게 하는 것입니다.

3. 주간 계획 세우기

주간 계획은 월간 계획의 더욱 세부적인 부분입니다. 주간 계획을 세울 때는 일상생활의 루틴을 고려하여 계획을 세우는 것이 중요합니다. 일주일 동안 해야 할 일들을 리스트업하고, 이를 시간별로 분배하여 계획해보세요. 이를 통해 일주일 동안의 일정을 적절히 분배하여 효율적으로 시간을 활용할 수 있습니다.

4. 일일 계획 세우기

일일 계획 세우기는 가장 세부적이며, 구체적인 계획입니다. 하루를 아침, 점심, 저녁으로 세 부분으로 나누고, 각 부분에서 해야 할 일을 명확하게 정리하는 것이 효율적입니다. 이때, 유연성을 가지고 계획을 세우는 것이 중요합니다. 예기치 않은 일이 발생할 수 있으므로, 계획이 변경될 수 있음을 인지하며 계획을 세우세요. 이렇게 하루의 일과를 세세하게 계획하면, 시간을 훨씬 효과적으로 관리하고 생산성을 높일 수 있습니다.

2024

JANUARY

SUNDAY	MONDAY	TUESDAY	WEDNESDAY	THURSDAY	FRIDAY	SATURDAY
	1	2	3	4	5	6
7	8	9	10	11	12	13
14	15	16	17	18	19	20
21	22	23	24	25	26	27
28	29	30	31			

FEBRUARY

SUNDAY	MONDAY	TUESDAY	WEDNESDAY	THURSDAY	FRIDAY	SATURDAY
				1	2	3
4	5	6	7	8	9	10
11	12	13	14	15	16	17
18	19	20	21	22	23	24
25	26	27	28	29		

MARCH

SUNDAY	MONDAY	TUESDAY	WEDNESDAY	THURSDAY	FRIDAY	SATURDAY
					1	2
3	4	5	6	7	8	9
10	11	12	13	14	15	16
17	18	19	20	21	22	23
24	25	26	27	28	29	30
31						

APRIL

SUNDAY	MONDAY	TUESDAY	WEDNESDAY	THURSDAY	FRIDAY	SATURDAY
	1	2	3	4	5	6
7	8	9	10	11	12	13
14	15	16	17	18	19	20
21	22	23	24	25	26	27
28	29	30				

MAY

SUNDAY	MONDAY	TUESDAY	WEDNESDAY	THURSDAY	FRIDAY	SATURDAY
			1	2	3	4
5	6	7	8	9	10	11
12	13	14	15	16	17	18
19	20	21	22	23	24	25
26	27	28	29	30	31	

JUNE

SUNDAY	MONDAY	TUESDAY	WEDNESDAY	THURSDAY	FRIDAY	SATURDAY
						1
2	3	4	5	6	7	8
9	10	11	12	13	14	15
16	17	18	19	20	21	22
23	24	25	26	27	28	29
30						

JULY

SUNDAY	MONDAY	TUESDAY	WEDNESDAY	THURSDAY	FRIDAY	SATURDAY
	1	2	3	4	5	6
7	8	9	10	11	12	13
14	15	16	17	18	19	20
21	22	23	24	25	26	27
28	29	30	31			

AUGUST

SUNDAY	MONDAY	TUESDAY	WEDNESDAY	THURSDAY	FRIDAY	SATURDAY
				1	2	3
4	5	6	7	8	9	10
11	12	13	14	15	16	17
18	19	20	21	22	23	24
25	26	27	28	29	30	31

SEPTEMBER

SUNDAY	MONDAY	TUESDAY	WEDNESDAY	THURSDAY	FRIDAY	SATURDAY
1	2	3	4	5	6	7
8	9	10	11	12	13	14
15	16	17	18	19	20	21
22	23	24	25	26	27	28
29	30					

OCTOBER

SUNDAY	MONDAY	TUESDAY	WEDNESDAY	THURSDAY	FRIDAY	SATURDAY
		1	2	3	4	5
6	7	8	9	10	11	12
13	14	15	16	17	18	19
20	21	22	23	24	25	26
27	28	29	30	31		

NOVEMBER

SUNDAY	MONDAY	TUESDAY	WEDNESDAY	THURSDAY	FRIDAY	SATURDAY
					1	2
3	4	5	6	7	8	9
10	11	12	13	14	15	16
17	18	19	20	21	22	23
24	25	26	27	28	29	30

DECEMBER

SUNDAY	MONDAY	TUESDAY	WEDNESDAY	THURSDAY	FRIDAY	SATURDAY
1	2	3	4	5	6	7
8	9	10	11	12	13	14
15	16	17	18	19	20	21
22	23	24	25	26	27	28
29	30	31				

제2장

시간관리, 성공으로의 첫걸음

성공한 사람들의 20가지 시간관리 습관

01
아침형 인간의 시간관리

아침형 인간이란 일찍 일어나서 하루를 시작하는 사람들을 말합니다. 이들은 새벽이나 아침에 활동력이 가장 높아, 이 시간에 집중력도 뛰어납니다. 그러므로 아침형 인간에게는 이른 아침 시간을 최대한 활용하는 전략이 필요합니다.

애플의 전 CEO인 스티브 잡스는 아침형 인간으로 잘 알려져 있습니다. 그는 새벽에 일어나 명상을 하고, 그 후 가장 중요하다고 판단한 일을 먼저 시작했습니다. 이런 방식으로 그는 하루를 효과적으로 시작하고, 주요 목표를 시간 내에 달성할 수 있었습니다.

스티브 잡스

애플의 공동 창업자이자 전 CEO인 스티브 잡스의 아침 루틴은 많은 사람들에게 큰 영감을 주었는데, 그는 일찍 일어나 명상을 통해 마음의 평온함을 찾아내고, 새로운 하루를 시작하는 데 필요한 명확하고 집중된 마음 상태를 조성하였습니다. 명상을 마친 후에는 '가장 중요한 일을 먼저 처리하라'는 원칙에 따라 가장 중요하다고 생각하는 일을 먼저 시작하였고, 이를 통해 가장 중요한 작업에 집중할 수 있는 충분한 시간을 확보하였습니다. 그 결과로 생산성을 극대화하는 데 성공하였습니다.

또한, 매일 아침 거울 앞에서 스스로에게 "오늘이 내 인생의 마지막 날이라면, 나는 오늘 해야 할 일들에 만족할까?"라는 질문을 던지는 습관을 가지고 있었는데, 이를 통해 그날 해야 할 중요한 일에 대해 집중하게 되었습니다. 이런 방식으로 시간관리에 큰 도움을 받았습니다.

그의 아침 루틴은 명확한 목표 설정, 우선순위를 결정하고, 그리고 중요한 일에 먼저 집중하는 것을 포함하고 있었는데, 이러한 루틴은 그가 성공적인 경력을 쌓는 데 큰 역할을 하였습니다. 그의 성공 비결을 이해하는 데 중요한 키가 되었으며, 이를 통해 그는 어떻게 하루를 계획하고, 어떻게 중요한 일에 집중하는지를 보여주는 좋은 예시를 제공하였습니다.

아침형 인간들에게는 일찍 일어나는 것이 중요합니다. 이는 하루를 시작하는 시간을 앞당기므로, 전체 작업 시간을 늘리는 효과를 가져 옵니다. 이를 위해선 충분한 수면이 필수적이며, 이를 위해서는 저녁 시간의 활동을 적절히 조절해야 합니다.

아침 시간에 집중력이 높기 때문에, 아침형 인간들은 이 기간을 학습이나 창의적인 활동에 활용하는 것이 효과적입니다. 이와 반대로, 신체적 활동이나 사회적 활동은 오후나 저녁에 하는 것이 좋습니다.

아침 식사 또한 아침형 인간들에게 중요한 부분입니다. 영양가 있는 아침 식사는 하루를 건강하게 시작하는데 필요한 에너지를 제공하며, 작업에 필요한 동기를 부여합니다. 따라서 아침 식사를 잘 준비하고, 그것을 통해 하루를 건강하게 시작하는 것이 필요합니다.

아침형 인간들은 아침 시간의 효율적 활용, 충분한 수면, 그리고 건강한 아침 식사를 통해 시간을 효율적으로 관리합니다. 이들의 전략을 참고하면 우리 모두는 시간을 더욱 효과적으로 활용할 수 있을 것입니다.

02
작업시간을 블록으로 나눈다

시간을 블록으로 나누는 방식은 매우 효과적인 시간관리 전략 중 하나로, 이 방식은 일의 생산성을 향상시키고 작업에 집중력을 높이며 스트레스를 줄여줄 수 있는 효과가 있습니다.

첫째로, 시간 블록이란 무엇인지 정의해보겠습니다. 시간 블록이란 특정한 작업을 수행하기 위해 설정한 고정된 시간을 의미합니다. 예를 들어, 오전 9시부터 11시까지는 이메일 확인 및 처리, 오후 1시부터 3시까지는 보고서 작성, 그리고 오후 4시부터 5시까지는 회의를 진행하는 식으로 하루를 특정 작업 단위로 세분화하여 시간을 규정하는 것입니다.

둘째로, 시간 블록의 이점에 대해 알아보겠습니다. 시간 블록을 활용하면 우리는 특정한 작업에 집중하게 되어, 다른 일에 쉽게 방해받지 않고 집중력을 유지할 수 있습니다. 이로 인해 작업의 효율성이 높아질 뿐 아니라, 한 작업이 끝나고 다음 작업을 시작하는 전환 시간도 크게 단축될 수 있습니다.

셋째로, 시간 블록을 설정하는 방법에 대해 알아보겠습니다. 시간 블록을 설정할 때는 각 작업의 중요도와 긴급성을 반드시 고려해야 합니다. 중요하거나 긴급한 작업을 우선적으로 시간 블록을 설정하고, 그 다음으로는 개인이 가장 집중력이 높은 시간대에 어려운 작업을 배치하는 것이 효과적입니다.

넷째로, 시간 블록을 유지하는 방법에 대해 알아보겠습니다. 시간 블록을 설정한 후에는 그 시간 동안 다른 일을 처리하는 것을 최대한 피해야 합니다. 시간 블록 동안 다른 일을 처리하게 되면, 해당 작업의 효율성이 크게 떨어지며, 다시 원래의 작업에 집중하는 데 필요한 시간이 늘어나게 됩니다.

마지막으로, 시간 블록 사이의 휴식 시간 활용법에 대해 설명하겠습니다. 시간 블록 사이에는 충분한 휴식 시간을 가지는 것이 중요합니다. 짧은 휴식 시간을 통해 집중력을 회복하고, 다음 시간 블록에 더욱 효과적으로 작업을 수행할 수 있습니다.

이처럼 시간 블록을 활용하여 시간을 효율적으로 관리하면, 작업의 효율성을 크게 높이고, 더 많은 작업을 처리할 수 있습니다. 시간 블록은 누구나 쉽게 적용할 수 있는 시간관리 전략이므로, 한 번 시도해 보시는 것을 권장드립니다.

이를 설명하기 위해 베스트셀러 작가인 스티븐 킹의 일상을 살펴보면, 킹은 자신의 작업 시간을 엄격하게 관리하여 매일 오전에만 글을 쓰는 것을 선호하며, 이 시간 동안에는 전화나 방문, 이메일 확인 등의 방해를 허용하지 않는다고 알려져 있습니다.

스티븐 킹

스티븐 킹은 매일 아침 일어나서 쓰기 작업에 들어가는데, 그는 매일 2,000단어를 쓰는 것을 목표로 정합니다. 그는 이 시간을 '쓰기의 블록'으로 설정하고, 이 시간 동안에는 어떠한 방해도 받지 않습니다. 이는 그의 크리에이티브 에너지가 가장 높은 시간대를 활용하여 생산성을 극대화하는 전략입니다.

그는 이런 방식으로 시간을 구조화하고, 각 시간 블록을 특정 작업에 할당함으로써 작업의 효율성을 높이고 이 시간 블록을 통해 그는 중요한 작업에 집중하고, 다른 일에 방해받지 않으며, 작업을 시작하고 완료하는 데 필요한 시간을 확보합니다.

또한, 그는 이 시간 블록을 사용하여 작업의 우선순위를 결정하고, 작업의 진행 상황을 추적하며, 필요한 경우에는 작업의 순서나 방법을 조정합니다. 이런 방식으로 그는 작업의 진행을 체계적으로 관리하고, 작업의 효율성을 높이고, 스트레스를 줄이는 데 큰 도움이 됩니다.

이처럼 스티븐 킹의 시간관리 전략은 시간을 블록으로 나누는 방식을 활용하여 작업에 집중하고, 작업의 효율성을 높이며, 스트레스를 관리하는 데 중요한 역할을 합니다. 그의 전략을 따르면 우리 모두가 작업의 생산성을 향상시키고, 중요한 작업에 집중하며, 일의 스트레스를 줄일 수 있을 것입니다.

이렇게 시간을 블록으로 나누는 방식은 작업에 집중력을 높이고, 효율성을 극대화하는 데 큰 도움이 되는데, 예를 들어 오전 시간을 크리에이티브 작업에 할당하고 오후에는 관리적인 업무나 회의 등을 진행함으로써 두 가지 이상의 작업을 동시에 처리하려는 다중 작업의 부담을 줄이고, 각 블록에서는 한 가지 작업에만 집중할 수 있게 됩니다.

또한, 각 시간 블록은 작업의 시작과 끝을 명확하게 정의함으로써 일의 진행 상황을 쉽게 파악할 수 있게 해주며, 이는 일의 우선순위를 설정하고, 일의 진행 상황을 추적하며 필요한 경우 조정하는 데 도움이 됩니다. 따라서, 시간을 블록으로 나누는 것은 생산성을 향상시키고, 일의 진행 상황을 추적하며, 작업에 집중할 수 있게 하는 효과적인 시간관리 전략이라고 할 수 있으며, 이 방법을 사용하면 스티븐 킹처럼 하루를 효과적으로 관리하고, 중요한 일에 집중하여 더 많은 일을 성취할 수 있습니다.

03
작업에 집중하는 시간을 확보한다

이것은 시간관리의 핵심 원칙 중 하나로 특정 작업을 수행하는 동안 다른 일에 방해받지 않고 완전히 그 작업에 몰입하는 것을 의미합니다. 이를 통해 작업의 효율성을 높이고, 생산성을 극대화할 수 있습니다.

그렇다면, 이러한 시간관리의 핵심 원칙을 깊이 있게 이해하고 실천하는 방법 중 하나가 바로 '딥 워크'입니다. 이제 딥 워크에 대해 자세히 알아보겠습니다.

딥 워크라는 개념은 시간관리와 생산성 향상에 있어 절대적으로 중요한 요소로 인식되고 있습니다. 미국 조지타운 대학의 칼 뉴포트 컴퓨터공학과 교수가 제시한 이 개념은 우리가 자신의 집중력을 최대한 활용하여 생산성을 높이는 효율적인 작업 방식을 의미합니다. 딥 워크는 단순히 일을 하는 것이 아니라, 일을 어떻게 하는지에 초점을 맞춘 방법론입니다.

좀 더 구체적으로 알아보면, 이는 외부적인 요소와 내부적인 방해물을 최대한 줄이고, 세부적인 목표 달성을 위해 완전히 집중하는 작업 상태를 지칭합니다. 이는 고도의 집중력이 요구되는 복잡하고 어려운 작업을 수행하는 데 특히 유용하며, 이를 통해 효율적인 결과를 얻을 수 있습니다. 딥 워크는 깊이 있고 집중적인 생각이 필요한 작업을 수행하는 데 필요한 통찰력과 창의성을 높이는 데 도움이 될 수 있습니다.

이는 우리의 집중력을 극대화하고 작업의 품질을 향상시키는 데 매우 큰 도움이 됩니다. 더불어, 딥 워크 상태에서는 새로운 아이디어와 창의적인 해결책을 더 쉽게 찾을 수 있습니다. 이는 딥 워크가 우리의 창의성을 자극하고, 문제 해결 능력을 향상시키는 데 기여하기 때문입니다. 딥 워크는 우리가 일상적인 루틴에서 벗어나 복잡한 문제를 해결하는 데 필요한 창의적인 생각을 도와줍니다.

딥 워크의 실천 방법에 대해 설명하면 일정한 시간을 설정하고 그 시간 동안 방해 요인을 최소화해야 합니다. 딥 워크 시간 동안은 스마트폰, 이메일, 소셜 미디어 등의 디지털 방해 요인을 멀리하고, 불필요한 생각을 정리하여 마음의 집중력을 높이는 것이 중요합니다. 이렇게 하면 효율적인 집중력을 유지하며 더욱 생산적인 작업을 수행할 수 있습니다. 따라서 딥 워크는 우리가 일의 효율성과 품질을 높이는 데 크게 기여하게 됩니다.

또한, 딥 워크는 '시간 블록' 전략과 잘 어울립니다. 특정 시간을 딥 워크에 할당하고, 그 시간 동안 다른 일을 하지 않도록 하는 것입니다. 이렇게 하면 딥 워크를 통한 높은 수준의 생산성을 경험할 수 있습니다. 시간 블록 전략은 딥 워크를 통해 효율적으로 작업을 수행하는 데 큰 도움이 됩니다.

마크 저커버그

그는 페이스북을 성공적으로 성장시키기 위해 '딥 워크'라는 개념을 활용했습니다. '딥 워크'는 중요한 작업에 집중하고, 그 외의 모든 방해 요소를 제거하는 것을 의미합니다. 그는 '딥 워크' 시간 동안 모든 소셜 미디어 알림, 이메일, 미팅 등을 완전히 차단하고, 페이스북의 성장에 집중했습니다.

그는 이 시간 동안 자신이 중요하다고 생각하는 일에만 집중하고, 그 외의 일은 나중에 처리하거나 다른 사람에게 위임했습니다. 이렇게 작업에 집중하는 시간을 확보함으로써 그는 페이스북을 세계적인 소셜 미디어 플랫폼으로 성장시킬 수 있었습니다.

이처럼 중요한 작업에 집중하는 시간을 확보하는 것은, 높은 생산성을 달성하고 큰 성공을 이루는 데 매우 중요합니다. 마크 저커버그와 같이, 우리 모두가 작업에 집중하는 시간을 확보하고, 그 시간 동안은 다른 일에 방해받지 않도록 하면, 우리가 중요하게 생각하는 일에 더 효과적으로 집중할 수 있습니다.

예를 들어, 한 학생이 중요한 시험을 준비한다고 가정합시다. 그 학생이 매일 3시간 동안 핸드폰, 컴퓨터, TV 등의 방해를 받지 않고 공부에만 집중한다면, 그 3시간은 매우 효율적인 학습 시간이 될 것입니다. 이처럼 작업에 집중하는 시간을 확보하는 것은 어떤 일을 하든 간에 중요합니다.

이런 방식으로 작업에 집중하는 시간을 확보하면, 우리는 작업의 진행 상황을 더 잘 파악할 수 있고, 필요한 경우 작업의 순서나 방법을 조정함으로써 더 효율적인 결과를 얻을 수 있습니다. 이는 스트레스 관리에도 도움이 되며, 우리가 우선순위를 정하고 시간을 효과적으로 사용하는 데 큰 도움이 됩니다.

04
다음 날의 일정을 미리 계획한다

미리 계획을 세우는 것은 우리가 시간을 효과적으로 활용하고, 중요하게 생각하는 일에 집중하도록 돕는 원칙입니다. 이 원칙을 잘 활용한 사람 중 한 명이 워런 버핏인데, 그는 매일 저녁에 다음 날의 일정을 세부적으로 계획합니다. 이 계획에는 그가 다음 날에 해야 할 모든 일과 그 일들을 어떤 순서로 처리할지, 그리고 각 일정에 얼마나 많은 시간을 할애할지까지 모두 포함되어 있습니다.

이런 방식으로 미리 계획을 세우면, 그는 다음 날에 무엇을 언제 해야 할지를 명확하게 알 수 있고, 그로 인해 시간을 효과적으로 활용하며 중요한 일에 집중할 수 있습니다. 중요한 미팅을 준비해야 한다면 미팅 준비에 필요한 시간을 계획에 미리 포함시켜 그 미팅에 충분히 준비할 수 있는 시간을 확보합니다.

이런 방식의 시간관리는 성공한 사업가들, 아티스트들, 학자들, 그리고 선수들 사이에서 널리 사용되고 있습니다.

빌 게이츠는 시간을 극도로 체계적으로 관리한다고 알려져 있는데 그는 하루를 5분 단위로 계획하고 이를 철저히 따른다고 합니다. 그의 이런 방식은 그가 Microsoft를 세계적인 기업으로 성장시키는데 크게 기여했습니다.

또 다른 예로는 세계적인 테니스 선수인 세레나 윌리엄스가 있습니다. 그녀는 자신의 훈련 일정, 경기 일정, 그리고 가족과 보내는 시간 등을 세세하게 계획하여 철저히 지키는 것으로 알려져 있습니다.

이처럼, 다음 날의 일정을 미리 계획하는 것은 우리의 시간을 효과적으로 활용하고, 중요한 일에 집중하도록 돕는 원칙입니다.

이 원칙은 우리 모두에게 적용 가능합니다. 다음 날의 일정을 미리 계획하면, 우리는 시간을 효과적으로 활용할 수 있고, 중요하게 생각하는 일에 집중할 수 있습니다. 이는 일과 취미, 가족과의 시간 등 자신이 중요하게 생각하는 모든 것에 시간을 할애하는 데 도움이 됩니다.

05
시간을 낭비하는 습관을 버린다

시간을 낭비하는 습관은 시간관리에 있어서 큰 걸림돌이 됩니다. 시간, 이 한정된 자원을 가능한 한 최대한 활용해야 하는데, 불필요하게 시간을 쓰는 습관이 있다면 그게 쉽지 않죠. 이런 습관을 바꾼다면, 가치 있는 일에 더 많은 시간을 쏟을 수 있습니다.

시간을 낭비하는 습관은 우리의 생산성을 크게 저해합니다. 비효율적인 활동, 반복적인 작업, 또는 불필요한 방해는 우리에게 소중한 시간을 뺏어갑니다. 이러한 활동들은 우리의 집중력을 분산시키고, 우리가 진정으로 중요하게 생각하는 일에 집중하는 데 방해가 됩니다.

대표적인 예로 미디어 소비는 많은 시간을 차지합니다. 스마트폰이나 컴퓨터, 텔레비전을 통해 소비되는 시간은 빠르게 누적되며, 일부 연구에 따르면 평범한 사람이 하루에 약 3시간을 스마트폰에 소비한다는 것입니다. 이는 하루의 약 1/8에 해당하는 시간입니다.

그러나 이 시간을 줄이고, 대신 학습이나 자기 발전, 건강한 취미 등에 사용한다면 개인적이나 전문적인 성장을 위한 더 많은 시간을 확보할 수 있습니다.

다른 예로는 불필요한 회의입니다. 많은 조직에서 회의는 중요한 의사 결정을 내리고 정보를 공유하는 도구지만, 잘못 관리되면 큰 시간 낭비가 될 수 있습니다. 효율적인 의사소통과 협업을 통해 회의 시간을 줄이면, 실질적인 작업에 더 많은 시간을 투자할 수 있습니다.

이런 원칙을 실천하는 사람들 중에는 메타의 CEO 마크 저커버그도 있습니다. 그는 회의 시간을 최소화하고, 간결하고 효율적인 의사소통을 통해 시간을 절약합니다. 그리고 그 시간을 신제품 개발이나 전략적 계획 등 회사의 핵심 사업에 집중하는 데 사용합니다.

결국, 시간을 낭비하는 습관을 버리는 것은 우리가 시간을 효과적으로 활용하고 목표를 달성하는 데 도움이 됩니다.

06
주요 목표를 위해 시간을 투자한다

이 원칙은 우리가 시간을 가장 효과적으로 활용하도록 도와주며, 목표를 달성하는 데 필요한 중요한 단계를 수행하도록 도와줍니다.

이 원칙을 이해하고 실천하기 위해서는 먼저 자신의 주요 목표를 명확히 파악해야 합니다. 이것은 직업적인 목표일 수도 있고, 개인적인 목표일 수도 있습니다. 예를 들어, 직업적인 목표는 프로젝트를 완료하거나 특정 역량을 향상시키는 것일 수 있습니다. 개인적인 목표는 건강을 개선하거나 새로운 취미를 배우는 것일 수 있습니다.

목표를 설정한 후에는 이 목표를 달성하기 위한 구체적인 단계를 계획해야 합니다. 이 단계들은 특정한 행동이나 작업을 포함할 수 있습니다. 예를 들어 건강을 개선하려는 목표를 가지고 있다면, 주간 운동 계획을 세우거나, 건강한 식단을 계획하는 등의 작업을 포함할 수 있습니다.

이렇게 계획을 세운 후에는 이 계획을 수행하기 위해 필요한 시간을 할애해야 합니다. 이는 일정을 조정하거나, 불필요한 활동을 줄이는 등의 방법으로 이루어질 수 있습니다. 이렇게 하면 우리는 우리의 주요 목표에 집중하고, 이를 위한 시간을 확보할 수 있습니다.

세계적인 투자가 워런 버핏은 자신의 주요 목표인 투자에 대한 연구와 분석에 대부분의 시간을 투자합니다. 그는 이런 활동을 통해 자신의 투자 전략을 개발하고, 투자할 가치가 있는 기업을 찾습니다. 그의 이런 행동은 그가 세계에서 가장 성공한 투자가 중 한 명이 될 수 있게 한 원동력입니다.

일론 머스크 CEO를 예로 들어보겠습니다. 그는 주요 목표인 우주여행 가능성 확대를 위한 기술 개발에 대다수의 시간을 집중투자하고 있습니다. 이러한 그의 행동이 스페이스X를 세계 최고의 우주여행 회사로 발전시키는 데 결정적인 역할을 하였습니다.

따라서, 우리의 주요 목표에 시간을 투자하는 것은 우리가 목표를 달성하는 데 큰 도움이 됩니다. 이 원칙을 실천하려면, 먼저 우리의 주요 목표를 명확히 정의해야 합니다. 그 다음에는 이 목표를 달성하기 위해 필요한 작업을 식별하고, 이 작업에 필요한 시간을 계획해야 합니다.

이렇게 하면 우리는 시간을 효과적으로 활용하고, 목표 달성에 큰 도움이 될 수 있습니다. 이 원칙을 실천함으로써, 생산성을 향상시키고, 삶의 질을 향상시킬 수 있습니다.

07
꾸준히 시간을 기록하고 검토한다

우리는 어떻게 시간을 사용하는지에 대한 명확한 이해를 얻을 수 있으며, 이를 통해 더 효과적인 시간관리 전략을 개발할 수 있습니다.

우선, 시간을 기록하는 것은 우리가 어떻게 시간을 사용하는지에 대한 실질적인 인식을 강화합니다. 때때로 우리가 얼마나 많은 시간을 스마트폰이나 다른 디지털 기기를 사용하는지에 대해 과소평가하는 경우가 있습니다. 하지만 시간을 정확하게 기록하면, 이러한 활동에 얼마나 많은 시간을 소비하는지에 대한 정확한 이해를 얻을 수 있습니다.

시간을 기록하는 것은 또한 우리가 시간을 어떻게 사용할지 결정하는 데 도움이 됩니다. 우리의 시간 사용에 대한 데이터를 보면, 어떤 활동이 시간을 가장 많이 차지하는지, 그리고 어떤 활동이 목표 달성에 가장 많이 기여하는지 파악할 수 있습니다. 이런 정보를 바탕으로, 시간을 더 효과적으로 활용하기 위한 전략을 개발할 수 있습니다.

다음으로, 시간을 검토하는 것은 시간관리 전략을 개선하는 데 도움이 됩니다. 시간을 기록하고 이를 검토함으로써, 어떤 활동이 가장 효과적인지, 어떤 활동이 덜 효과적인지 파악할 수 있습니다. 이를 통해, 시간관리 전략을 지속적으로 수정하고 개선할 수 있습니다.

18세기의 유명한 미국의 정치인이자 과학자인 벤저민 프랭클린은 시간관리의 중요성을 강조하였습니다. 그는 자신의 하루를 세심하게 계획하고 기록하였으며, 이를 통해 다양한 분야에서 성취를 이루었습니다. 그의 시간관리 방식은 그의 자서전에서 확인할 수 있습니다.

생산성 전문가인 팀 페리스도 시간 기록의 중요성을 강조합니다. 그는 자신의 시간을 정확하게 추적하고, 이를 통해 비효율적인 활동을 줄이고, 가장 중요한 일에 집중하는 전략을 개발하였습니다.

영국의 심리학자이자 교수인 린다 그래튼은 자신의 시간을 엄격하게 관리하였습니다. 그녀는 모든 회의의 시작과 끝 시간을 정확하게 기록하였고, 이를 통해 회의의 효율성을 높이는 데 도움이 되었습니다. 이러한 접근법은 그녀가 자신의 역할을 효과적으로 수행하면서도 미팅과 다른 활동에 소비되는 시간을 최소화하는 데 중요한 역할을 했습니다.

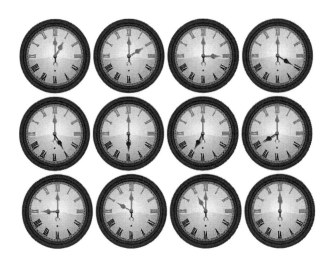

08
휴식 시간을 적절하게 배분한다

시간관리의 중요한 원칙이며, 이 원칙은 생산성 향상과 일상 스트레스 감소에 큰 도움이 됩니다. 휴식이 없는 연속적인 작업은 뇌와 몸에 부담을 주어 생산성을 떨어트리고 스트레스를 증가시키는 반면, 적절한 휴식은 이런 부담을 줄여주고 생산성을 높여줍니다.

휴식은 뇌에 필요한 에너지를 회복시켜주는 재충전 시간을 제공합니다. 복잡한 문제를 해결하거나 연속적으로 집중하게 되면 뇌는 많은 에너지를 소모하게 되어 피로해지게 됩니다. 이런 상황에서 짧은 휴식을 취하면 뇌는 에너지를 회복하고, 이후의 작업을 더 효율적으로 수행할 수 있습니다. 이런 휴식은 창의적인 작업이나 복잡한 문제 해결에 특히 유리합니다.

또한, 휴식은 스트레스 관리에 큰 도움이 됩니다. 일과 다른 활동에 연속적으로 집중하다 보면 긴장감이 쌓이고 스트레스가 발생하는데, 이런 상태가 지속되면 건강 문제를 유발하거나 일의 질을 떨어트릴 수 있습니다. 적절한 휴식을 취하게 되면 이런 스트레스를 해소하고 몸과 마음에 휴식 시간을 가질 수 있어 건강을 유지하고 일의 질을 높일 수 있습니다.

포모도로 기법

사례로 '포모도로 기법'이 있습니다. 이 기법은 프란체스코 시릴로가 개발한 시간관리 방법으로, 25분 동안 집중해서 작업한 후에 5분 동안 휴식을 취하는 것을 권장합니다. 이 30분을 '포모도로'라고 부르며, 이를 여러 번 반복한 후에는 좀 더 긴 휴식을 취합니다.

이 기법은 여러 가지 이점을 제공합니다. 첫째, 짧은 시간 동안 집중함으로써 생산성을 높이고 25분이라는 시간은 집중력을 유지하기에 충분한 시간이면서도 지치지 않을 만큼의 시간입니다. 둘째, 정해진 휴식 시간을 가짐으로써 뇌와 몸에 필요한 휴식을 제공합니다. 이로 인해 에너지를 회복하고 지속적인 작업이 가능해집니다. 셋째 이 기법은 작업과 휴식의 균형을 이루어주어 전체적인 효율성을 높입니다.

사례를 보면 휴식 시간은 단순히 '게으름'이나 '비생산적인 시간'이 아니라, 오히려 생산성과 효율성을 높이는 중요한 요소임을 알 수 있습니다. 이처럼 휴식 시간을 적절하게 배분하는 것은 일의 질을 높이고, 스트레스를 감소시키며, 전반적인 행복감을 증가시키는 데 도움이 됩니다.

뿐만 아니라, 휴식은 창의적인 생각을 유발하는 데 큰 도움이 됩니다. 집중적인 작업을 수행하는 동안에는 뇌는 특정한 방식으로 문제를 바라보는데, 잠시 휴식을 취하면 뇌는 다른 관점에서 문제를 바라보거나 새로운 아이디어를 생각해낼 수 있습니다. 이런 창의적인 접근법은 문제 해결에 있어 새로운 해결책을 찾는 데 도움이 됩니다.

성공한 사람들 중 많은 이들은 휴식의 중요성을 인식하고 있습니다. 이들은 휴식 시간을 통해 에너지를 회복하고 창의적인 생각을 하여 더 나은 성과를 이루어 냈습니다.

휴식의 중요성을 인식하는 사례로는 유명한 'Google의 20% 시간' 정책을 들 수 있습니다. 이 정책은 Google 직원들이 자신의 주요 업무 외에 20%의 시간을 자신이 선택한 프로젝트에 투자하도록 하는 것입니다. 이 시간은 일종의 휴식 시간으로서, 직원들이 새로운 아이디어를 생각하고 창의적으로 문제를 해결하는 데 도움을 줍니다.

이 정책은 Google의 많은 혁신적인 제품과 서비스, 예를 들어 Gmail, Google News, AdSense 등이 탄생하게 된 배경입니다. 이는 휴식이 창의성과 생산성을 높이는 데 중요한 역할을 하는 것을 보여주는 좋은 사례입니다.

또 다른 사례로는 스페인의 시에스타 문화를 들 수 있습니다. 스페인에서는 점심시간 후에 짧은 휴식 시간인 '시에스타'를 가집니다. 이 휴식 시간은 직장인들이 잠시 휴식을 취하고 에너지를 회복하도록 돕습니다. 이러한 휴식 문화는 스페인 사람들이 일과 삶의 균형을 유지하는 데 도움을 줍니다.

위의 사례들은 휴식의 중요성을 잘 보여줍니다. 휴식은 우리가 에너지를 회복하고, 창의력을 향상시키며, 결국 더 효과적으로 일할 수 있게 해줍니다. 따라서, 휴식의 중요성을 인식하는 것은 시간관리의 중요한 부분입니다.

아인슈타인

과학자 알베르트 아인슈타인의 경우를 들 수 있습니다. 그는 매일 낮잠을 자는 것을 습관으로 가지고 있었으며, 이 휴식 시간이 그의 창의적인 생각을 뒷받침하는 데 크게 기여했다고 알려져 있습니다. 아인슈타인은 그의 작업을 분명히 이해하고, 복잡한 문제를 해결하는 데 필요한 창의적인 아이디어를 생각해내기 위해 집중력을 회복하는 데 낮잠을 활용하였습니다. 그의 이러한 습관은 우리에게 휴식이 얼마나 중요한지, 그리고 휴식이 우리의 뇌 기능, 특히 창의력과 문제 해결 능력에 어떤 영향을 미치는지를 보여줍니다.

아인슈타인 외에도 많은 유명한 사람들이 휴식의 중요성을 인식하고 있습니다. 유명한 작가 스티븐 킹은 매일 걷는 것을 습관으로 가지고 있습니다. 그는 이 시간을 통해 새로운 아이디어를 생각해내고, 작업에서 벗어나 잠시 휴식을 취합니다. 이렇게 자신만의 휴식 방법을 찾아 효율적으로 시간을 관리하는 것이 중요합니다.

09
일과 후의 휴식 시간을 유용하게 사용한다

우리의 뇌에 '재충전'하는 기회를 제공함으로써 우리의 생산성과 건강, 그리고 행복에 크게 기여하게 됩니다.

하루 동안 일하면서 정보를 처리하고 문제를 해결하는 과정은, 우리 뇌에 상당한 에너지를 요구합니다. 이는 우리의 뇌가 매우 활동적으로 작동하며, 다양한 생각과 아이디어를 생성하고, 복잡한 문제를 해결하려고 노력하기 때문입니다. 이 모든 활동은 에너지를 필요로 하며, 이로 인해 우리 뇌는 하루 종일 많은 에너지를 소비하게 됩니다.

더불어 휴식 시간은 우리에게 스트레스를 해소하고 감정 조절에 필수적인 역할을 합니다. 일하는 동안 여러 가지 일들로 인해 스트레스가 쌓이게 되는데, 이런 스트레스가 쌓이게 되면 건강에 해로울 뿐 아니라 생산성과 집중력 저하를 가져 옵니다. 하지만 휴식을 취함으로써 이런 스트레스를 해소하고 마음의 안정을 찾는 것이 가능해집니다.

일과 후의 휴식 시간은 또한 자기계발의 기회를 제공합니다. 새로운 취미를 배우거나, 책을 읽거나, 운동을 하는 등의 활동은 우리의 능력을 향상시키고, 삶의 질을 높이는데 큰 도움이 되는데요, 이런 활동들은 우리에게 새로운 에너지를 주고, 삶의 다양성을 더해줍니다.

우리의 에너지를 회복하고, 다음날을 위한 준비를 하며, 개인적인 목표를 추구하는 데 중요한 시간입니다. 이 시간을 유용하게 사용한 사례들을 몇 가지 들어보겠습니다.

빌 게이츠

마이크로소프트의 공동 창립자인 빌 게이츠는 일과 후의 시간을 읽기를 통해 지식을 확장하는 데 사용합니다. 그는 이 시간을 통해 다양한 주제에 대해 배우고, 그러한 지식이 그의 사업 전략에 영향을 미치는 방식을 탐색합니다.

오프라 윈프리

유명한 TV 호스트인 오프라 윈프리는 일과 후의 시간을 명상하는 데 활용합니다. 그녀는 이 시간을 자신의 내면을 돌아보고, 일상에서의 스트레스를 해소하는 데 사용합니다. 명상은 그녀에게 마음의 평온함을 가져다주며, 일과의 혼란과 스트레스로부터 멀어지게 해줍니다. 또한, 이는 그녀가 자신의 감정과 생각에 대해 명확하게 이해하도록 도와주며, 이는 그녀가 다음날을 위한 준비를 체계적이고 명확하게 할 수 있게 도와줍니다. 이렇게 그녀는 명상을 통해 일과 후의 시간을 효과적으로 활용하며, 이를 통해 더욱 풍요로운 삶을 살아가고 있습니다.

워런 버핏

세계적인 투자가인 워런 버핏은 일과 후의 시간을 우쿨렐레를 연주하거나 온라인 브리지 게임을 즐기는 등 자신의 취미 생활에 투자합니다. 그는 이런 활동이 자신의 마음을 편안하게 하고, 새로운 에너지를 얻는 데 도움이 된다고 말합니다.

마크 저커버그

페이스북의 창립자인 마크 저커버그는 일과 후의 시간을 운동, 특히 러닝에 투자합니다. 그는 이런 활동이 몸과 마음의 건강을 유지하고, 에너지를 회복하는 데 도움이 된다고 말합니다.

　이들 사례는 일과 후의 휴식 시간을 어떻게 유용하게 사용할 수 있는지를 보여줍니다. 이 시간을 통해 우리는 자신의 건강을 유지하고, 새로운 지식을 배우며, 개인적인 목표를 추구할 수 있습니다. 이는 우리가 일과 삶의 균형을 유지하고, 더 행복하고 만족스러운 삶을 살아가는 데 중요한 역할을 합니다.

10
어려운 일은 시간이 충분할 때 먼저 시작한다

우리의 에너지와 집중력이 가장 높은 때에 가장 어려운 작업을 시작하라는 것을 의미합니다. 생산성을 높이고, 스트레스를 줄이며, 일상을 효과적으로 조직화하는 데 도움이 됩니다.

먼저, 우리가 '최고의 시간'을 가장 어려운 일에 집중하도록 도와줍니다. 우리 모두는 하루 중 특정 시간에 가장 활동적이고 집중력이 높습니다. 일부 사람들에게는 아침이 가장 생산적인 시간일 수 있고, 다른 사람들에게는 점심 후나 저녁이 가장 효과적일 수 있습니다. 이런 '최고의 시간' 동안에 가장 복잡하고 어려운 작업을 시작하면, 우리는 이 작업을 더 효과적으로 수행할 수 있습니다.

또한, 어려운 일을 먼저 시작하면 우리는 '업무 피로'를 늦추는 데 도움이 됩니다. 우리가 일을 시작할 때, 우리의 에너지와 집중력은 가장 높습니다. 그러나 시간이 지남에 따라, 우리의 에너지와 집중력은 점차 감소하게 됩니다. 따라서, 가장 어려운 작업을 먼저 시작하면, 우리는 이 작업을 더 효과적으로 수행할 수 있습니다.

　마지막으로, 어려운 일을 먼저 시작하면 우리는 스트레스를 줄일 수 있습니다. 어려운 일을 미루면, 이 일에 대한 걱정과 스트레스가 쌓이게 됩니다. 그러나 이런 일을 먼저 시작하면, 우리는 이런 스트레스를 줄이고, 우리의 마음을 평화롭게 유지할 수 있습니다.

　이 원칙은 많은 성공한 사람들에게서도 볼 수 있습니다. 유명한 작가 마크 트웨인은 "당신이 개구리를 먹어야 한다면, 아침에 하는게 가장 좋습니다. 만약 2개를 먹어야 한다면, 더 큰 놈을 먼저 먹는게 좋습니다."는 유명한 격언을 남겼는데, 이는 가장 어려운 일을 먼저 시작하라는 의미입니다. 이처럼 어려운 일을 먼저 시작하는 습관을 가지면, 우리는 일을 더 효과적으로 관리하고, 우리의 시간을 더 효율적으로 사용할 수 있습니다.

　또 다른 사례로는 유명한 소프트웨어 개발 방법론인 '스크럼'이 있습니다. 스크럼 방법론은 '프로젝트를 진행하는 데 있어서 유연성과 적응성'을 강조하는 방법론입니다. 스크럼은 복잡하고 예측 불가능한 프로젝트를 진행할 때 특히 유용하며, 빠르게 변화하는 요구 사항에 대응할 수 있도록 설계되었습니다.

스크럼 팀은 짧은 반복 주기인 스프린트라는 단위로 일하며, 각 스프린트의 끝에서는 구체적인 결과물을 만들어냅니다. 이렇게 함으로써, 팀은 프로젝트의 전반적인 진행 상황을 더 자주 점검하고, 필요한 경우 방향을 조정할 수 있습니다.

또한, 스크럼의 중요한 원칙 중 하나는 '우선순위가 높은 작업을 먼저 처리하라'는 것입니다. 이 원칙은 '어려운 일은 시간이 충분할 때 먼저 시작한다'는 시간관리 원칙과 잘 어울립니다. 이를 통해 팀은 가장 중요하고 어려운 작업에 먼저 집중하게 되어, 전체 프로젝트를 더 효율적으로 관리할 수 있게 됩니다.

11
시간의 가치를 이해하고 판단한다

시간은 모든 사람에게 공평하게 주어진 자원이지만, 그 가치는 사람마다 다릅니다. 어떤 사람은 시간을 '돈'으로 보고, 어떤 사람은 '자유'로 보며, 또 다른 사람은 '행복'으로 보는 경우도 있습니다. 이처럼 시간의 가치는 우리 각자의 가치관, 목표, 욕구에 따라 달라집니다.

첫 번째로, 시간을 '돈'으로 보는 사람들은 시간을 경제적인 가치로 이해하고 활용하는 경향이 있습니다. 즉, 이들에게 시간은 일을 하고 수익을 창출하는 주요한 수단이 됩니다. 그래서 이들은 시간을 투자하여 얻는 수익과, 그 시간을 다른 활동에 사용했을 때 얻을 수 있는 이득을 비교하여 시간을 활용하게 됩니다. 이를 '기회비용'이라고 부르며, 이 기회비용을 통해 그들은 시간의 가치를 판단하고 결정하게 됩니다.

두 번째로, 시간을 '자유'로 보는 사람들은 시간을 자신의 삶을 자유롭게 통제하고, 원하는 대로 사용하는 데 있어 중요한 요소로 봅니다. 이들에게 시간은 스스로의 삶을 설계하고, 개인적인 목표를 이루는 데 필요한 중요한 자원입니다. 그렇기 때문에, 이들은 자신이 원하는 것을 하며 시간을 보내는 것을 중요하게 생각하고, 그것을 통해 시간의 가치를 판단하게 됩니다.

세 번째로, 시간을 '행복'으로 보는 사람들은 시간을 즐거움과 만족감을 추구하는 수단으로 봅니다. 이들에게 시간은 가족, 친구와 보내거나, 취미나 여가 활동에 투자하여 행복을 느끼는 데 사용됩니다. 이들은 시간을 통해 얻는 행복과 즐거움을 통해 시간의 가치를 판단합니다.

이렇게 다양한 방식으로 시간의 가치를 이해하고 판단하는 것은, 시간을 어떻게 사용할지 결정하는 데 중요한 역할을 합니다. 따라서, 자신이 시간에 어떤 가치를 부여하는지를 명확히 알고, 이를 바탕으로 시간을 효과적으로 관리하는 것이 중요합니다. 이를 통해 시간을 더욱더 효율적이고 의미 있게 활용할 수 있게 됩니다.

그리고 시간의 가치를 판단하려면 다음과 같은 과정을 거칠 수 있습니다.

첫 번째 단계는 목표 설정입니다. 무엇을 이루고자 하는지 명확한 목표를 설정하는 것은 시간의 가치를 판단하는 기본적인 요소입니다. 이 목표 설정 과정은 당신의 행동에 방향을 제시하며, 시간을 어떻게 활용할지에 대한 청사진을 그려줍니다. 또한, 목표는 당신의 우선순위를 결정하는 중요한 기준이 됩니다.

두 번째 단계는 우선순위 결정입니다. 설정한 목표에 따라 일의 우선순위를 결정하는 과정은 시간을 효율적으로 활용하는 데 필수적입니다. 중요하면서도 긴급한 일부터 처리하고, 그 다음으로는 중요하지만 긴급하지 않은 일, 그리고 마지막으로 중요하지 않지만 긴급한 일 순으로 처리해 나가는 것이 바람직합니다.

세 번째 과정은 기회비용을 고려하는 것입니다. 어떤 일에 시간을 투자할 때, 그로 인해 포기해야 하는 다른 기회가 무엇인지 고려해봐야 합니다. 이를 기회비용이라 부릅니다. 만약 어떤 일에 시간을 쓰면서 더 중요한 기회를 놓치게 된다면, 그 일에 시간을 투자하는 것은 가치가 떨어질 수 있습니다.

네 번째로는 효율성과 효과성을 판단하는 것입니다. 시간을 어떻게 활용하느냐에 따라 그 효율성과 효과성이 달라집니다. 동일한 시간을 사용함에도 불구하고, 어떤 방식으로 사용하느냐에 따라 그 결과는 크게 달라질 수 있습니다. 따라서, 시간을 최대한 효율적이고 효과적으로 사용하는 방법을 찾는 것이 중요합니다.

마지막으로는 반성과 성찰입니다. 자신이 시간을 어떻게 사용했는지, 그 결과가 어떠했는지를 반성하고 성찰하는 것이 중요합니다. 이를 통해 자신이 시간을 어떻게 더 잘 사용할 수 있을지를 배울 수 있습니다.

이런 과정들을 통해 시간의 가치를 제대로 판단하고, 시간을 더 효과적으로 관리하게 될 것입니다. 이 과정을 통해 달성하고자 하는 목표를 더 효과적으로 달성하고, 시간을 더 효율적으로 활용하는 방법을 배울 수 있습니다.

우리의 시간을 어떻게 활용할 것인지를 결정해야 합니다. 어떤 일에 시간을 투자할 것인지, 어떤 일을 뒤로 미룰 것인지, 어떤 일을 전혀 하지 않을 것인지를 결정하는 것은 자신의 판단에 달려 있습니다. 이때 중요한 것은 시간을 가장 효과적으로 활용할 수 있는 방법을 찾는 것입니다.

시간이 충분하지 않을 때 우리는 어떤 일을 먼저 해야 하는지를 결정해야 합니다. 이때 각각의 일이 우리에게 어떤 가치를 줄 수 있는지를 고려해야 합니다. 가장 중요하고 긴급한 일을 먼저 처리하고, 그 다음으로 중요한 일을 처리하는 방식으로 시간을 관리하는 것이 효과적일 수 있습니다.

12
시간을 관리하는 습관을 꾸준히 유지한다

시간을 관리하는 습관을 꾸준히 유지하는 것은 사실 쉽지 않습니다. 하지만 몇 가지 원칙을 따르면, 이를 보다 효과적으로 할 수 있습니다.

1. 우선순위 설정

우선순위 설정은 일의 중요성과 긴박성을 고려하여, 어떤 일을 먼저 처리할 것인지, 어떤 일을 나중에 처리할 것인지 결정하는 것을 의미합니다. 간단히 말하자면, 우선순위 설정은 '무엇을 먼저 해야 하는가?'에 대한 명확한 답을 찾는 과정입니다. 이렇게 우선순위를 설정함으로써 시간을 효과적으로 활용하고, 중요한 목표를 성공적으로 달성할 수 있게 됩니다.

다양한 우선순위 설정 방법이 있지만, 다음과 같은 세 가지 방법이 특히 유용하게 사용될 수 있습니다.

첫 번째로, '중요도-긴박성 행렬'이라는 방법을 사용할 수 있습니다. 이 방법은 일을 '중요하지만 긴박하지 않은 일', '중요하고 긴박한 일', '중요하지 않지만 긴박한 일', '중요하지 않고 긴박하지 않은 일'의 네 가지 카테고리로 분류합니다. 이렇게 일의 중요도와 긴박성을 체계적으로 판단함으로써, 어떤 일을 먼저 처리해야 할지 결정하는 데 도움이 됩니다.

두 번째로, '할 일 목록'을 작성하는 방법이 있습니다. 이 방법은 간단하게 일의 우선순위를 목록으로 만드는 것입니다. 이 목록은 가장 중요하다고 판단되는 일부터 시작하여, 상대적으로 중요도가 낮은 일 순으로 나열됩니다. 이렇게 목록을 작성함으로써, 우선순위를 명확하게 인식하고 일을 체계적으로 처리할 수 있습니다.

세 번째로, '80/20 법칙'을 적용하는 방법이 있습니다. 이 법칙은 우리의 결과의 80%는 우리의 노력의 20%에서 나온다는 이론을 바탕으로 합니다. 즉, 가장 큰 결과를 가져다주는 일에 집중하여 그것을 우선순위로 설정하면, 효율적으로 일을 처리할 수 있습니다.

하지만, 우선순위 설정은 반드시 유동적이어야 합니다. 상황에 따라 어떤 일이 더 중요하고 긴박한지가 변할 수 있기 때문입니다. 따라서, 항상 상황을 평가하고 우선순위를 재조정하는 것이 중요합니다.

2. 일정 관리

일정 관리는 우리의 시간을 최대한 효과적으로 활용하고, 개인적인 목표나 직장에서의 업무 성과를 달성하는 데 중요한 역할을 하는 요소입니다. 더욱 구체적으로 설명하자면, 일정 관리는 우리가 해야 할 일을 체계적으로 조직화하는 것을 포함하며, 이는 각각의 업무에 필요한 시간을 예측하고, 그에 따라 필요한 자원을 계획하는 과정을 포함합니다.

일정 관리를 효과적으로 수행하기 위한 방법에는 여러가지가 있습니다.

첫째, 달력 및 플래너 사용이 있습니다. 달력이나 플래너는 우리의 일과 시간을 시각적으로 표현하는 도구로서, 우리가 해야 할 일들을 한눈에 볼 수 있도록 도와줍니다. 이를 통해 우리는 우리의 일과 시간에 대한 명확한 개요를 얻을 수 있으며, 이를 기반으로 우리의 일을 조직화하고 우선순위를 설정하는 데 도움이 됩니다.

둘째, 시간 추정이 있습니다. 일을 수행하는 데 필요한 시간을 추정하는 것은 중요합니다. 이를 통해 우리는 우리의 일을 얼마나 많은 시간 동안 수행할 수 있는지를 알 수 있으며, 이를 기반으로 우리의 일정을 조정하는 데 필요한 정보를 얻을 수 있습니다.

셋째, 일정 조정이 있습니다. 이것은 우리의 일과 시간을 효과적으로 관리하는 데 필요한 유연성을 제공합니다. 예를 들어, 일정에 변동이 생겼을 때 우리의 일정을 적절하게 조정하고, 필요한 경우 우리의 일을 재조직화하거나 우선순위를 변경할 수 있습니다.

넷째, 일정 추적이 있습니다. 이것은 우리가 일을 얼마나 효과적으로 수행하고 있는지를 평가하는 데 도움이 됩니다. 이를 통해 우리의 성과를 모니터링하고, 필요한 경우 우리의 일정 관리 전략을 개선하거나 변경할 수 있습니다.

좋은 일정 관리는 시간을 효과적으로 활용하고, 스트레스를 줄이며, 생산성을 향상시키는 데 중요한 역할을 합니다. 따라서,

효과적인 일정 관리 전략을 개발하고 실행하는 것이 중요합니다.

3. 시간 블록화

시간 블록화는 효과적인 시간관리 전략 중 하나로서, 이는 특정 시간 동안 특정 작업에만 집중하게끔 시간을 '블록'으로 나누는 방법입니다. 이 방법은 우리가 수행해야 하는 작업에 대해 방해 요소 없이 집중할 수 있도록 도와주는 역할을 합니다. 이렇게 하면 효율적으로 시간을 활용할 수 있어 작업의 효율성을 높일 수 있습니다.

이러한 시간 블록화 전략의 핵심은 몇 가지 주요 단계로 나눌 수 있습니다.

첫 번째로, '작업 분류'입니다. 우선 해야 할 일을 분류하는 것이 중요합니다. 이 과정을 통해 어떤 작업이 얼마나 많은 시간과 집중력을 필요로 하는지 파악할 수 있습니다. 이렇게 하면 각각의 작업에 얼마나 많은 시간을 할애해야 하는지 판단하는 기준이 됩니다.

두 번째로, '시간 블록 설정'입니다. 분류된 각 작업에 대해 특정 시간 블록을 설정하는 것이 중요합니다. 이렇게 설정된 시간 동안에는 해당 작업에만 집중하게 됩니다. 이 과정을 통해 효과적으로 시간을 관리하고, 더욱 집중력을 높일 수 있습니다.

세 번째는 '블록 시간 준수'입니다. 설정된 시간 블록 동안 해당 작업에만 집중하도록 하는 것이 중요합니다. 다른 작업이나 방해 요소로부터 시간을 분산시키지 않도록 주의해야 합니다. 이를 통해 작업의 집중도를 높이고, 생산성을 향상시킬 수 있습니다.

마지막으로, '유연성 유지'입니다. 물론, 모든 상황에서 시간 블록이 완벽하게 작동하는 것은 아닙니다. 일정 변경이나 예측치 못한 일에 대비해 일정한 유연성을 유지하는 것이 중요합니다. 이를 통해 어떠한 상황에서도 효과적으로 시간을 관리할 수 있습니다.

시간 블록화는 집중력을 높이고, 생산성을 향상시키며, 작업 완료에 대한 만족감을 느끼는 데 도움이 됩니다. 이 방법은 특히 다양한 작업을 처리해야 하는 사람들에게 유용합니다. 다만, 이를 효과적으로 실행하기 위해서는 일정 관리 능력과 자기 통제력이 필요합니다. 이를 통해 시간 블록화 전략을 효과적으로 활용하면, 생산성을 끌어올릴 수 있을 것입니다.

4. 습관 형성

습관 형성은 우리의 일상생활에서 중요한 역할을 하는 것은 두말할 나위 없습니다. 특히 일정한 시간에 일정한 일을 하는 습관을 만들면, 우리 생활의 효율성을 높이는 데 큰 도움이 됩니다. 이는 우리의 뇌가 그 행동을 자동화하려는 노력을 통해 이루어지며, 이러한 자동화 과정은 시간관리를 효과적으로 하고, 스트레스를 줄이는 데 큰 역할을 합니다.

습관은 우리가 반복적으로 행하는 행동의 패턴입니다. 이러한 반복적인 행동은 뇌에서 특정 패턴으로 인식되어 자동화되며, 이를 통해 생각 없이도 그 행동을 수행할 수 있게 됩니다. 이러한 과정은 뇌의 에너지를 절약하고, 그로 인해 다른 중요한 일에 더욱 집중할 수 있게 도와줍니다. 이는 우리가 보다 효율적으로 일상생활을 유지하고, 어려운 문제나 과제를 해결하는 데 필요한 리소스를 마련하는 데 큰 도움이 됩니다.

습관 형성은 크게 세 단계로 나눌 수 있습니다. 우선, '자극'이 필요합니다. 이는 습관의 시작점을 알리는 신호로, 특정 행동을 시작하게 하는 원인이 됩니다. 그 다음은 '반응'입니다. 이는 자극에 대한 우리의 행동으로, 자극을 받아 특정한 행동을 하는 것입니다. 마지막으로 '보상'이 있습니다. 이는 우리가 그 행동을 반복하고자 하는 동기를 부여하는 요소로, 행동의 결과로 얻는 만족감이나 이익이 이에 해당합니다.

일정한 시간에 일정한 일을 하는 습관을 형성하면, 우리는 그 일을 하는 데 필요한 시간을 미리 예측할 수 있습니다. 이는 시간 관리를 효과적으로 할 수 있게 도와주며, 이로 인해 일과의 효율성을 높이고, 여가 시간을 더욱 효과적으로 활용할 수 있게 해줍니다. 또한, 습관은 우리가 그 일을 수행하는 것이 당연하다고 느끼게 하여, 그 일을 하지 않았을 때의 불안감이나 스트레스를 줄여줍니다. 이는 우리의 일상생활을 더욱 건강하고 안정적으로 유지하는 데 큰 도움이 됩니다.

습관을 형성하려면, 우선 그 행동이 우리에게 어떤 이익을 주는지 알아야 합니다. 그 행동의 결과로 얻는 만족감이나 이익을 인지하면, 그 행동을 반복하고자 하는 동기가 생깁니다. 그런 다음, 그 행동을 반복할 수 있도록 환경을 만들어야 합니다. 예를 들어 운동을 습관화하려면 운동 시간을 정해놓고, 그 시간에만 운동을 하는 것이 좋습니다. 또한, 습관을 형성하는 데에는 시간이 필요하므로, 즉각적인 결과를 기대하지 않는 것이 중요합니다. 이렇게 습관을 천천히 형성하면, 그 행동이 자연스럽게 우리의 일상에 녹아들게 됩니다.

습관을 형성하면, 우리의 생활은 더욱 체계적이고 효율적이게 됩니다. 일정한 시간에 일정한 일을 하는 습관을 가지면, 그 일에 필요한 시간을 미리 예측하고 계획할 수 있으므로, 시간을 효율적으로 관리할 수 있습니다. 또한, 습관은 우리의 뇌를 효과적으로 활용하도록 도와줍니다. 습관을 형성함으로써 뇌는 그 행동을 자동화하게 되며, 이를 통해 뇌의 에너지를 절약할 수 있습니다. 이렇게 절약된 에너지는 다른 더 중요한 일에 집중하는 데 사용될 수 있습니다.

하지만 습관을 형성하는 것은 쉽지 않습니다. 우리는 때때로 습관의 형성을 방해하는 요소들에 직면하게 됩니다. 예를 들어 우리의 의지력이 부족하거나, 우리가 그 행동을 수행하는 데 필요한 자원이 부족한 경우, 습관 형성은 어려울 수 있습니다. 이러한 장애물을 극복하기 위해서는, 우리는 그 행동이 우리에게 어떤 이익을 주는지 인지하고, 그 행동을 반복하고자 하는 충분한 동기를 가지고 있어야 합니다.

5. 휴식 시간

휴식 시간은 우리가 일하고 학습하는 데 있어 중요한 요소입니다. 무한정 일하거나 공부하는 것보다는, 적절한 간격으로 휴식 시간을 가지는 것이 훨씬 더 효율적입니다. 휴식은 우리의 뇌를 새로고침하고, 집중력을 높이는 데 큰 도움이 됩니다.

인간의 뇌는 연속적으로 작업을 수행하는 것에는 한계가 있습니다. 과도한 스트레스나 지속적인 작업은 뇌에 부담을 주어 피로를 증가시키고, 이는 결국 생산성 저하로 이어집니다. 따라서 적절한 휴식은 뇌의 피로를 회복하고, 새로운 에너지를 얻는 데 필요합니다.

휴식을 취하면 뇌는 재충전되고, 이는 우리의 집중력을 높이는 데 도움이 됩니다. 휴식은 우리의 기억을 강화하고, 창의적인 생각을 촉진하는 데도 기여합니다. 또한 휴식은 스트레스를 줄이고, 우리의 기분을 개선하는 효과도 있습니다.

휴식을 취하는 방법은 여러 가지입니다. 짧은 산책을 하거나, 명상을 하는 것도 좋은 휴식 방법입니다. 또한 취미 활동을 즐기거나, 음악을 듣는 것도 탁월한 휴식 방법입니다. 중요한 것은 자신이 편안하게 느낄 수 있고, 마음을 비울 수 있는 활동을 선택하는 것입니다.

휴식 시간은 개인의 상황과 작업의 성격에 따라 다르지만, 일반적으로는 25분 동안 작업을 수행한 후 5분간 휴식을 취하는 것이 권장됩니다.

휴식은 우리의 작업 효율성을 높이는 데 중요한 요소입니다. 적절한 휴식 없이 계속해서 작업을 수행하면, 우리의 작업 품질은 저하되고, 뇌는 과도한 피로에 시달립니다. 따라서 우리는 휴식의 중요성을 인지하고, 적절한 휴식을 취해야 합니다. 이를 통해 우리는 더욱 효과적으로 일하고, 더욱 높은 생산성을 달성할 수 있습니다.

6. 멀티태스킹 피하기

멀티태스킹은 많은 사람들이 생산성을 높이기 위해 시도하는 방법 중 하나지만, 실제로는 생산성을 떨어뜨리는 결과를 가져 옵니다. 한 번에 한 가지 일에 집중하는 것이 더 효율적인 결과를 가져오는데, 이에 대해 자세히 알아보겠습니다.

멀티태스킹은 여러 가지 일을 동시에 처리하는 것을 의미합니다. 이는 효율적인 것처럼 보일 수 있지만, 사실 뇌는 한 번에 하나의 복잡한 작업만 처리할 수 있습니다. 따라서 멀티태스킹을 시도하면, 뇌는 각각의 작업 사이를 빠르게 전환해야 합니다. 이 과정에서 생기는 시간 손실이 생산성을 떨어뜨립니다.

멀티태스킹은 뇌에 부담을 주고, 집중력을 저하시킵니다. 또한, 작업의 품질을 저하시키며, 실수를 유발할 수 있습니다. 이는 특히 복잡하고 정밀성이 요구되는 작업에서 문제가 될 수 있습니다. 또한 멀티태스킹은 스트레스 수준을 높일 수 있습니다.

한 번에 한 가지 일에 집중하는 것, 즉 단일태스킹은 생산성을 향상시키는 데 효과적입니다. 이는 뇌가 한 가지 작업에만 집중할 수 있게 하여, 작업의 품질을 높이고, 실수를 줄일 수 있습니다. 또한 집중력을 향상시키고, 스트레스를 줄일 수 있습니다.

단일태스킹을 실천하려면 먼저 작업을 하나씩 정리하고, 우선순위를 정하는 것이 중요합니다. 그런 다음 가장 중요한 작업부터 시작하여, 그 작업이 완료될 때까지 다른 작업을 하지 않는 것이 좋습니다. 또한 작업 중에는 방해를 최소화하는 것이 중요합니다. 이를 위해 핸드폰 알림을 끄거나 조용한 곳에서 작업하는 것이 도움이 될 수 있습니다.

결국, 멀티태스킹보다는 단일태스킹이 더 효율적인 시간관리 방법이며, 더 높은 생산성을 달성할 수 있습니다. 따라서 우리는 멀티태스킹의 유혹을 피하고 단일태스킹의 장점을 활용해야 합니다.

마지막으로 시간관리는 개인의 습관과 라이프스타일에 따라 달라질 수 있습니다. 따라서, 자신에게 가장 잘 맞는 방법을 찾는 것이 중요합니다. 이런 방법들을 활용하여 시간관리 습관을 꾸준히 유지하면, 일상생활이나 업무에서 더욱 효율적으로 시간을 활용할 수 있을 것입니다.

13
최우선 순위 일에 가장 많은 시간을 투자한다

우리의 시간을 효율적으로 활용하기 위해 가장 중요한 일에 우선적으로 시간을 할애해야 한다는 것입니다. 우리 모두가 하루에 받는 시간은 똑같이 24시간이지만, 그 시간을 어떻게 활용하느냐에 따라 그 가치는 천차만별이 됩니다.

우리가 하루 중 가장 집중력이 높은 시간대에 가장 중요한 일, 가장 어려운 일을 먼저 처리한다면, 그 일을 훨씬 더 효과적으로 해낼 수 있습니다. 이렇게 하면 여러분이 가장 중요하다고 생각하는 일에 집중력과 에너지를 최대한 쏟아붓게 되어 더 좋은 결과를 얻을 수 있습니다.

또한 이런 방식으로 시간을 활용하면 나중에 시간이 부족해져서 급하게 일을 처리해야 하는 상황을 피할 수 있습니다. 우리가 가장 중요한 일을 먼저 처리하면, 나중에 시간이 부족해지더라도 그렇게 큰 문제가 되지 않습니다. 왜냐하면 이미 가장 중요한 일은 처리했기 때문이죠.

그러니까 여러분, 항상 시간을 효과적으로 활용하려면 가장 중요한 일부터 시작해보세요. 그리고 그 일에 집중력과 에너지를 최대한 쏟아부으세요. 그럼 여러분의 시간은 더 가치 있게 쓰일 것이고, 그 결과로 여러분의 삶의 질도 더욱 향상될 것입니다.

스티브 잡스는 매일 아침 거울 앞에서 자신에게 이런 질문을 했습니다. "오늘이 내 인생의 마지막 날이라면, 나는 오늘 계획한 일을 하고 싶을까?" 이 질문은 그에게 그날의 최우선 순위를 결정하는 데 도움을 주었습니다. 이런 방식으로 그는 매일 자신의 시간을 가장 중요한 일에 투자하는 습관을 가지게 되었습니다.

이런 습관 덕분에, 그는 많은 혁신적인 제품을 세상에 선보일 수 있었습니다. 아이폰, 아이패드, 맥북 등 많은 흥미로운 제품들은 그의 이런 시간관리 방식의 결과였습니다.

여러분도 스티브 잡스처럼, 매일 아침 자신에게 질문해보세요. "오늘이 내 인생의 마지막 날이라면, 나는 오늘 계획한 일을 하고 싶을까?" 그리고 그 답에 따라 여러분의 최우선 순위를 결정하고, 그 일에 가장 많은 시간을 투자해보세요.

워런 버핏은 세계에서 가장 성공한 투자자 중 한 명으로 알려져 있습니다. 그는 자신의 시간을 어떻게 관리하는지에 대한 독특한 접근 방식을 가지고 있습니다.

워런 버핏은 자신의 캘린더를 매우 가볍게 유지합니다. 그의 캘린더에는 대부분의 날짜가 비어 있습니다. 이는 그가 자신의 시간을 가장 중요한 일에만 집중하고자 하는 의지의 표현입니다. 그는 불필요한 미팅이나 일정으로 자신의 시간을 채우지 않습니다. 대신 그는 자신이 가장 중요하다고 생각하는 일에만 집중하고, 그 일에 필요한 시간을 충분히 확보합니다.

예를 들어, 그는 자신의 투자 결정을 내리기 위해 많은 시간을 들입니다. 그는 새로운 투자 기회에 대해 깊게 연구하고, 여러 시나리오를 고려하고, 그 결정이 자신의 투자 포트폴리오에 어떤 영향을 미칠지를 심도 있게 분석합니다. 이런 방식으로 그는 자신의 시간을 가장 중요한 일에 투자하고, 그 결과로 놀라운 성과를 달성할 수 있었습니다.

　여러분도 워런 버핏처럼, 자신의 시간을 가장 중요한 일에만 투자하는 습관을 가지세요. 그리고 그 일에 필요한 시간을 충분히 확보하세요.

14
대화와 회의에 필요 이상의
시간을 소비하지 않는다

우리가 일상에서 많은 시간을 보내는 곳 중 하나는 바로 회의실입니다. 회의는 중요한 결정을 내리거나 정보를 공유하는 데 필요한 활동이지만, 때로는 필요 이상의 시간을 소비하는 경우가 많습니다. 이런 경우 회의는 생산성을 저해하는 요인이 될 수 있습니다.

그래서 여러분께서 회의나 대화에 참여할 때는 몇 가지 원칙을 기억하셔야 합니다.

1. 명확한 목표를 설정하세요

회의의 시작점은 항상 명확한 목표 설정입니다. 이 목표는 참석자들에게 회의의 목적과 방향성을 제시해주며, 그들이 무엇을 위해 모였는지, 그리고 회의에서 무엇을 달성하려고 하는지를 명확히 해줍니다. 구체적이고 측정 가능한 목표를 설정하면, 참석자들은 그 목표를 달성하기 위해 필요한 논의를 더욱 집중적으로, 그리고 효율적으로 진행할 수 있습니다. 또한 목표가 명확하면 회의의 방향을 제시하고 참석자들의 참여를 유도하며, 회의 후에는 그 목표 달성 여부를 평가하는 기준이 되기도 합니다.

2. 시간을 엄수하세요

회의는 목표를 달성하기 위한 수단일 뿐, 무한정 진행되어서는 안 됩니다. 회의를 시작하기 전에는 끝나야 하는 시간을 미리 정하고, 그 시간을 엄수하는 것이 중요합니다. 시간을 엄수하면 참석자들은 주어진 시간 안에서 목표를 달성하기 위해 더욱 집중하게 됩니다. 또한 회의가 무한정 길어지면 참석자들의 집중력은 점차 감소하며, 결과적으로 회의의 효율성은 떨어지게 됩니다. 따라서 회의 시간을 적절히 제한하고 그 시간을 엄수하는 것은 회의의 효과를 높이는 데 중요한 요소입니다.

3. 필요하지 않은 회의는 피하세요

모든 결정이나 정보 교환이 회의를 통해 이루어져야 하는 것은 아닙니다. 때로는 이메일, 채팅, 보고서 등 다른 의사소통 도구를 통해 충분히 의사 결정이나 정보 공유가 가능합니다. 적절한 의사결정 방식을 선택하고, 필요하지 않은 회의는 최대한 피하는 것이 시간을 절약하고 생산성을 높이는 데 도움이 됩니다.

이런 원칙들을 기억하면 여러분은 회의나 대화에 필요 이상의 시간을 소비하는 것을 피할 수 있습니다. 그렇게 되면 여러분은 그 시간을 더 중요한 일에 집중하는 데 활용할 수 있을 것입니다.

일론 머스크는 효율적인 회의를 위한 다음과 같은 원칙을 제시한 바 있습니다.

첫째, 불필요한 회의는 피하라. 이는 '필요하지 않은 회의는 피하라'는 원칙을 그대로 적용한 것입니다. 일론 머스크는 회의가 작업의 진행을 방해하는 경우가 많다고 지적했습니다.

둘째, 회의는 짧게. 일론 머스크는 회의 시간을 가능한 한 짧게 가져가는 것을 선호합니다. 그는 자주 진행되는 회의는 보통 30분 이내로 끝나야 하며, 긴 회의는 대체로 생산성을 떨어뜨린다고 말했습니다.

셋째, 참석자는 최소한으로. 필요하지 않은 사람이 회의에 참석하는 것은 시간 낭비라고 머스크는 주장합니다. 참석자가 많을수록 회의가 길어지고 복잡해지기 쉽습니다. 따라서 회의에는 반드시 필요한 사람들만 참석하게 하는 것이 중요하다고 그는 강조했습니다.

이렇게 일론 머스크는 회의를 통한 대화 시간을 최소화하고, 그 시간을 더 중요한 작업에 집중하는 방식을 선택했습니다.

15
시간을 관리하는 기술적 도구를 활용한다

현대의 기술은 우리의 생활을 편리하게 만들어주는 데 큰 도움을 주고 있습니다. 특히 시간관리에 있어서는 다양한 앱과 소프트웨어를 활용해 더욱 효율적으로 일할 수 있도록 도와줍니다.

첫째, 할 일 목록 관리 앱을 활용할 수 있습니다. 'Todoist', 'Microsoft To Do', 'Google Tasks' 등과 같은 앱들은 여러분이 해야 할 일을 쉽게 기록하고 관리할 수 있게 해줍니다. 이런 앱들은 일정을 캘린더에 표시하거나, 알림을 설정하거나, 우선순위를 정하는 등의 기능을 제공합니다.

둘째, 시간 추적 앱을 활용할 수 있습니다. 'RescueTime', 'Toggl' 등의 앱들은 여러분이 하루 동안 어떻게 시간을 보냈는지를 추적하고 분석해줍니다. 이런 정보를 통해 여러분은 어떤 활동에 얼마나 시간을 보내는지 알 수 있고, 이를 통해 시간을 더 효율적으로 활용할 수 있습니다.

셋째, 협업 도구를 활용할 수 있습니다. 'Slack', 'Asana', 'Trello' 등의 도구들은 팀원들과의 협업을 더욱 쉽게 해줍니다. 이런 도구들을 통해 여러분은 팀원들과 일정을 공유하거나, 작업을 할당하거나, 진행 상황을 확인하는 등의 작업을 쉽게 할 수 있습니다.

이렇게 기술적 도구를 활용하면 여러분은 시간을 더 효율적으로 관리할 수 있습니다. 여기에 더해, 이런 도구들을 활용하는 습관을 기르는 것이 중요합니다. 그렇게 하면 여러분은 시간관리에 있어서 더욱 능숙해질 것입니다.

물론입니다. '시간을 관리하는 기술적 도구를 활용한다'는 원칙에 대한 사례로, 미국의 유명 IT 기업인 'Atlassian'을 들어볼게요.

Atlassian은 협업 도구인 'Jira', 'Confluence', 'Trello' 등을 개발한 회사로 그들 자신도 이들 도구를 효과적으로 활용하여 시간관리를 실천하고 있습니다.

'Jira'는 프로젝트 관리 도구로 사용되며 특히 소프트웨어 개발 팀에서 이슈 추적, 작업 배정, 진행 상황 모니터링 등을 통해 프로젝트의 전반적인 관리를 도와줍니다. 이를 통해 개발 팀은 작업의 우선 순위를 정하고, 효율적으로 시간을 배분하는 데 도움을 받을 수 있습니다.

'Confluence'는 팀의 지식 공유를 위한 도구로 문서 작성, 공유, 검색 등을 쉽게 할 수 있게 해줍니다. 이를 통해 팀원들이 시간을 절약하고, 필요한 정보를 쉽게 찾을 수 있게 됩니다.

'Trello'는 시각적인 카드시스템을 사용하여 개인이나 팀의 작업을 관리할 수 있는 도구입니다. 각 카드에 작업을 기록하고, 이를 다른 칼럼으로 옮기며 작업의 진행 상황을 쉽게 파악할 수 있습니다.

이렇게 Atlassian은 자사가 개발한 도구를 활용하여 시간관리를 효과적으로 실천하고 있습니다. 이런 사례를 통해 우리는 기술적 도구를 활용하면 시간관리를 어떻게 향상시킬 수 있는지를 확인할 수 있습니다.

16
매일 같은 시간에 일어나서
규칙적인 생활 패턴을 유지한다

우리의 몸은 생물학적으로 조절되는 내부 클럭, 즉 '생체 주기'를 가지고 있습니다. 이 생체 주기는 자연스럽게 우리의 수면 패턴, 식사 시간, 일상 활동 시간 등을 결정하는 데 매우 중요한 역할을 합니다. 이렇게 자연스러운 생체 주기는 일정하고 규칙적인 패턴을 유지하는 것을 선호하는 특성을 가지고 있습니다. 따라서 매일 같은 시간에 일어나는 것은 이러한 생체 주기에 맞춰 우리의 바디 클럭을 안정화시키는 데 큰 도움이 됩니다. 이는 또한 우리의 일상생활을 더욱 효율적으로 관리하고 조절하는 데에도 도움을 줍니다.

매일 같은 시간에 일어나면 우리는 그날을 시작하는 데 필요한 루틴을 더 잘 설정하고 실행할 수 있습니다. 예를 들어 아침에 일찍 일어나 운동을 하는 것, 조용한 시간을 가지는 것, 그리고 그날의 계획을 세우는 것 등의 다양한 활동을 계획하고 수행할 수 있습니다. 이런 일정한 활동들은 우리가 그날을 더욱더 효과적이고 생산적으로 보내는 데 큰 도움이 되며, 성공적인 하루를 보낼 수 있도록 돕습니다.

또한, 규칙적인 생활 패턴을 유지하면, 우리의 신체 건강뿐만 아니라 정신 건강에도 긍정적인 영향을 미칩니다. 특히 수면 패턴이 일정하면 우리의 수면 품질이 향상되고, 이는 우리의 에너지 수준과 집중력을 높여줍니다. 따라서 규칙적인 생활 패턴은 우리의 전반적인 건강에도 이롭습니다.

그러므로 위의 원칙은 우리의 시간관리 능력을 향상시키는 데 매우 중요합니다. 이 원칙을 지키면 여러분은 그날의 시간을 효과적으로 활용하고, 일과 생활의 균형을 맞추는 데 큰 도움이 될 것입니다.

스티븐 킹은 매일 오전 8시에 깨어나 작업을 시작하는 것으로 알려져 있습니다. 그는 일찍 일어나 조용한 시간을 가지고, 그날의 작업을 시작하기로 한 일정한 루틴을 가지고 있습니다. 그는 이 시간을 활용해 아침에 가장 생산적인 시간을 활용하여 쓰기에 몰입합니다. 그의 하루는 이렇게 규칙적으로 시작되며 이는 그의 창작 활동에도 효과적입니다.

스티븐 킹의 이런 루틴은 그의 작품 세계를 구축하는 데 중요한 역할을 하고 있습니다. 그는 이 루틴을 통해 일정한 시간에 집중력을 높이고, 창의력을 극대화하며, 생산성을 높일 수 있었습니다. 그는 이런 방식으로 수많은 베스트셀러를 써내었고, 그의 작품은 전 세계에서 사랑받고 있습니다.

17
작은 목표를 설정하여 시간을 관리한다

먼저, 작은 목표를 설정하는 것은 큰 목표를 달성하기 위한 중요한 단계입니다. 큰 목표는 때때로 압도적이고 이를 달성하기 위한 구체적인 계획이 없으면 실현하기 어렵습니다. 이때 작은 목표를 설정하면, 이는 큰 목표를 달성 가능한 작은 부분으로 나누어주며, 이는 우리에게 단계적으로 진행하며 성취감을 느낄 수 있는 기회를 제공합니다.

당신이 새로운 스킬을 배우려고 한다고 가정해봅시다. 이것은 큰 목표일 수 있습니다. 그러나 이 큰 목표를 작은 목표로 나누면, 이것은 더욱 관리하기 쉬워집니다. 예를 들어 '이번 주에는 이 스킬에 대한 기본 개념을 이해하자' 또는 '다음 주에는 이 스킬을 실제로 적용해보자'와 같이 작은 목표를 설정할 수 있습니다.

또 다른 예로 당신이 영어를 완벽하게 구사하려는 큰 목표를 가지고 있다고 가정해봅시다. 이는 상당히 큰 목표이며, 즉시 달성하기는 어렵습니다. 이럴 때 작은 목표를 설정하면, 이 큰 목표를 더 작은, 관리 가능한 목표로 나눌 수 있습니다. 예를 들어 '이번 달에는 100개의 새로운 단어를 배우자', '다음 달에는 간단한 대화를 연습해보자' 등의 작은 목표를 설정할 수 있습니다.

작은 목표를 설정하면 우리는 우리의 시간을 더욱 효과적으로 관리할 수 있습니다. 왜냐하면 우리는 우리의 노력을 구체적이고 달성 가능한 목표에 집중할 수 있기 때문입니다. 이렇게 하면 우리는 우리의 시간을 더욱 효과적으로 활용하고, 우리의 목표를 더욱 성공적으로 달성할 수 있습니다.

또한 작은 목표를 달성함으로써 우리는 우리의 성취감을 느끼며, 이는 우리의 자신감을 높이고, 우리의 동기를 유지하는 데 도움이 됩니다. 이는 결국 우리가 큰 목표를 달성하는 데 있어 중요한 요소입니다.

스티브 잡스는 애플을 세계적인 기업으로 성장시키려는 큰 목표를 가지고 있었습니다. 그러나 이 큰 목표를 달성하기 위한 방법 중 하나로, 그는 작은 목표를 설정하고 이를 달성하는 방법에 초점을 맞추었습니다.

그는 애플의 제품 개발 과정에서 여러 가지 작은 목표를 설정했습니다. 이러한 작은 목표 중 하나는 '사용자 친화적인 인터페이스 만들기'였습니다. 이 작은 목표를 성공적으로 달성함으로써, 애플은 사용자 친화적인 제품을 만들어 사용자들의 신뢰를 얻을 수 있었습니다.

이렇게 작은 목표를 설정하고 이를 달성함으로써, 스티브 잡스는 애플을 성공적으로 세계적인 기업으로 성장시킬 수 있었습니다. 이 사례는 '작은 목표를 설정하여 시간을 관리한다'는 원칙이 얼마나 효과적인지를 잘 보여줍니다. 이 원칙은 또한 우리가 큰 목표를 달성하는 데 있어 중요한 도구가 될 수 있음을 보여줍니다.

18
불필요한 일을 최소화하여
시간을 절약한다

우리 모두는 하루에 제한된 시간을 가지고 있습니다. 그러나 우리는 때때로 이 시간 중 일부를 불필요한 일에 사용하게 됩니다. 이런 일들은 우리의 큰 목표를 달성하는 데 도움이 되지 않으며, 오히려 우리의 시간을 낭비하게 만듭니다. 이러한 일들을 최소화하면, 우리는 우리의 시간을 더 효과적으로 활용할 수 있습니다.

이 원칙을 실천하는 첫 번째 단계는 무엇이 우리의 시간을 낭비하고 있는지 파악하는 것입니다. 이를 위해 우리는 우리의 일상 활동을 기록하고, 이 중 어떤 것이 우리의 시간을 가장 많이 차지하고 있는지 확인해야 합니다. 이렇게 하면 우리는 불필요한 일들을 쉽게 찾아낼 수 있습니다.

불필요한 일들을 찾아낸 후에는 이들을 최소화하는 방법을 찾아야 합니다. 이를 위해 우리는 이런 일들을 완전히 제거하거나, 더 적은 시간을 할애하거나, 다른 사람에게 위임할 수 있습니다. 예를 들어 우리는 소셜 미디어를 너무 많이 사용하고 있다면, 이를 줄이거나, 특정 시간에만 사용하는 등의 방법을 사용할 수 있습니다.

'불필요한 일을 최소화하여 시간을 절약한다'는 원칙은 우리의 시간관리 능력을 향상시키는 데 매우 중요합니다. 이 원칙을 실천함으로써 우리의 시간을 더 효과적으로 활용하고, 우리의 목표를 더욱 효과적으로 달성할 수 있습니다.

페이스북의 창업자 마크 저커버그의 이야기를 들어보겠습니다.

그는 매일 같은 옷을 입는 것으로 유명합니다. 그는 회색 티셔츠와 청바지, 후드 스웨트 셔츠라는 일상복을 선호합니다. 이에 대해 그는 "매일 아침에 무슨 옷을 입을지 결정하는 것은 시간 낭비"라고 설명했습니다. 그는 이 시간을 더 중요한 결정을 내리는 데 사용하기를 원했습니다.

이 사례는 불필요한 일을 최소화하여 시간을 절약하는 원칙을 잘 보여주고 있습니다. 마크 저커버그는 옷을 고르는 데 시간을 소비하는 것을 최소화하고, 이 시간을 더 중요한 일에 집중하는 데 사용하였습니다. 이렇게 하여 그는 페이스북을 세계 최대의 소셜 네트워크로 성장시킬 수 있었습니다.

19
주변 환경을 정리하여
작업 집중도를 높인다

우리의 주변 환경은 우리의 생산성에 큰 영향을 미칩니다. 깔끔하고 조직적인 환경은 우리의 집중력을 높이고, 우리가 효율적으로 작업할 수 있도록 돕습니다. 반면에, 지저분하거나 혼란스러운 환경은 우리의 집중력을 저하시키고, 우리가 효과적으로 작업하는 것을 방해합니다. 따라서 주변 환경을 정리하는 것은 시간관리에 있어 중요한 원칙입니다.

이 원칙을 실천하는 방법 중 하나는 작업 공간을 깔끔하게 유지하는 것입니다. 이는 우리의 물리적 공간뿐만 아니라 디지털 공간도 포함합니다. 예를 들어 우리는 우리의 책상을 정리하고, 필요 없는 물건들을 제거하고, 우리가 필요한 물건들을 쉽게 찾을 수 있도록 정리해야 합니다. 또한, 우리는 우리의 컴퓨터의 바탕화면을 정리하고, 필요 없는 파일들을 삭제하고, 중요한 파일들을 쉽게 찾을 수 있도록 정리해야 합니다.

주변 환경을 정리함으로써 우리는 작업 집중도를 높일 수 있습니다. 왜냐하면 필요한 것들을 쉽게 찾을 수 있고, 불필요한 것들에 의해 방해받지 않기 때문입니다. 따라서, 위의 원칙은 우리의 생산성을 향상시키는 데 매우 중요합니다. 이 원칙을 따르면, 여러분은 더욱 효율적으로 작업할 수 있게 될 것입니다.

스티븐 킹은 그의 저서 중 하나인 '유혹하는 글 쓰기'에서 자신의 작업 환경에 대해 이야기하고 있습니다. 그는 작업 공간의 중요성을 강조하며, 그가 어떻게 자신만의 작업 공간을 만들어 생산성을 높이는지 설명합니다. 그는 자신의 책상이 깔끔하게 정리되어 있고, 필요한 물건들만이 책상 위에 있으며, 불필요한 물건들은 모두 제거되어 있다고 설명합니다.

스티븐 킹은 이런 환경이 그에게 집중력을 높이는 데 도움이 되었다고 말합니다. 그는 이런 환경에서 더욱 효율적으로 작업할 수 있었으며, 이는 그가 수많은 베스트셀러를 쓸 수 있었던 원인 중 하나라고 말합니다.

이 사례는 '주변 환경을 정리하여 작업 집중도를 높인다'는 원칙이 얼마나 효과적인지를 보여줍니다. 이 원칙을 통해 우리는 우리의 생산성을 향상시키고, 우리의 목표를 더욱 효과적으로 달성할 수 있습니다. 이 원칙을 따르면 여러분은 더욱 효율적으로 작업할 수 있게 될 것입니다.

20
시간을 통제하면 성공이 따른다

생각해보면 세상에서 가장 공평한 것 중 하나는 시간입니다. 모두 하루에 24시간, 일주일에 7일의 시간을 가지고 있습니다. 이 시간을 어떻게 활용하느냐는 개인의 선택에 달려 있습니다.

성공하는 사람들은 이 시간을 효과적으로 활용하는 방법을 알고 있습니다. 그들은 시간을 통제하고, 그 시간을 가장 중요한 일에 우선적으로 사용합니다. 그들은 불필요한 일에 시간을 낭비하는 대신 그 시간을 학습, 성장, 발전에 활용합니다.

시간을 통제하는 방법 중 하나는 시간을 일정하게 분배하는 것입니다. 이를 위해 우리는 일정을 세우고, 우선순위를 정하고, 시간을 효과적으로 활용하는 방법을 배워야 합니다. 이렇게 하면, 우리는 우리의 시간을 더욱 효과적으로 활용할 수 있습니다.

또 다른 방법은 시간을 낭비하는 활동을 최소화하는 것입니다. 이를 위해 우리의 일상에서 시간을 낭비하는 활동을 찾아내고, 이를 줄이거나 제거해야 합니다.

위의 원칙은 우리 모두에게 적용될 수 있습니다. 이 원칙을 따르면 우리는 더욱 효과적으로 시간을 활용하고, 우리의 목표를 달성하는 데 필요한 시간을 줄일 수 있습니다.

빌 게이츠는 시간관리에 대한 그의 견해를 여러 차례 공유했습니다. 그는 특히 시간을 효과적으로 활용하는 것의 중요성을 강조했습니다. 그는 심지어 시간을 그의 가장 소중한 자산 중 하나라고 묘사했습니다.

그의 성공적인 경력은 이 원칙의 증거입니다. 그는 시간을 통제하고, 그 시간을 가장 중요한 일에 집중함으로써 세계에서 가장 큰 기술 회사 중 하나를 성공적으로 이끌었습니다.

빌 게이츠는 시간을 통제하고, 그 시간을 가장 중요한 일에 집중함으로써 세계에서 가장 큰 기술 회사 중 하나를 성공적으로 이끌었습니다. 그는 시간을 효과적으로 활용하여 학습, 연구, 개발에 시간을 투자했고, 이는 그가 마이크로소프트를 세계적인 기업으로 성장시키는 데 결정적인 역할을 했습니다.

제3장

시간관리와 삶의 품격을 높이는 방법

성공한 사람들의 20가지 시간관리 습관

01
미루기 습관 극복

미루기는 우리 모두에게 익숙한 습관 중 하나입니다. '나중에 하자', '아직 시간이 많다'라는 생각은 일상적인 일들을 뒤로 미루게 만드는 주요 원인이며, 이러한 행동은 중요한 일들을 미루는 결과를 초래합니다. 이는 결국 시간관리 능력의 저하를 가져오며, 이로 인해 삶의 품격이 저하됩니다. 따라서 미루기 습관을 극복하는 것은 삶의 질을 높이는 데에 필수적인 방법이라 할 수 있습니다.

미루기 습관의 원인과 해결 방법

미루기 습관의 원인은 다양하지만, 가장 흔한 원인 중 하나는 우리가 부담감을 느끼거나 두려움을 느낄 때입니다. 이는 특히 완벽을 추구하는 성향이 강한 사람들에게서 잘 나타나는 경향입니다. 그들은 작업이 완벽하지 않을까 봐 일을 시작하는 것을 미루기 쉽습니다. 또한 일이 복잡하거나 어려워 보일 때, 그 일을 시작하는 것을 미루는 경향이 있습니다. 이렇게 미루는 것이 일상의 일부가 되어버리면 미루기 습관이 생기게 됩니다.

이러한 미루기 습관을 극복하기 위한 해결 방안은 여러 가지가 있습니다.

1. 작은 목표 설정

큰일을 한 번에 처리하려는 것은 부담스러울 수 있습니다. 따라서 큰일을 작은 목표로 나누고, 이를 차근차근 해결해 나가는 것이 중요합니다. 이렇게 하면 일을 시작하는 것이 부담스럽지 않고, 조금씩 진행하면서 성취감을 느낄 수 있습니다.

2. 시간관리 기술

일과 시간을 효과적으로 관리하는 것은 미루기 습관을 극복하는 데 중요합니다. 일정 관리 앱이나 플래너를 활용하여 일과 시간을 체계적으로 관리하면, 일을 적절한 시간에 처리하고 미루지 않을 수 있습니다.

3. 스트레스 관리

스트레스는 미루기 습관을 악화시키는 주요 요인 중 하나입니다. 따라서 꾸준한 운동, 적절한 휴식, 명상 등을 통해 스트레스를 효과적으로 관리하는 것이 필요합니다.

4. 자기동기 부여

자신이 일을 미루지 않고 즉시 처리했을 때 자신에게 보상을 주는 방법도 효과적입니다. 이는 자기 자신을 격려하고, 미루기를 극복하는 데 필요한 동기를 부여합니다.

지금까지 미루기 습관의 원인과 그에 대한 해결 방법에 대해 살펴보았습니다. 이제 이 문제를 좀 더 깊이 이해하기 위해 '프로크라스티네이션'이라는 개념에 대해 알아보겠습니다.

프로크라스티네이션은 라틴어에서 유래된 용어로 '내일로 미루다'라는 뜻을 가지고 있습니다. 이는 중요한 일이나 목표를 다른 일로 미루는 행동을 가리키는 말로, 이러한 행동 패턴은 개인의 생산성을 저하시키고 스트레스를 증가시키는 문제를 야기합니다. 또한 이러한 미루기 습관은 결국 개인의 시간관리 능력을 저하시키고, 그로 인해 삶의 질이나 품격이 저하되는 결과를 초래합니다.

프로크라스티네이션에는 여러 가지 원인이 있지만, 그 중에서도 가장 대표적인 원인은 다음과 같이 두 가지입니다.

첫 번째는 '완벽주의'입니다. 완벽하게 하고 싶은 욕구가 프로크라스티네이션을 유발할 수 있습니다. 완벽주의자들은 작은 실수조차도 용납하지 않으려는 경향이 있으므로, 이로 인해 부담감이 커져서 일을 시작하는 것을 미루게 됩니다.

두 번째는 '두려움'입니다. 실패 또는 성공에 대한 두려움도 프로크라스티네이션을 유발합니다. 실패를 두려워하는 사람은 자신의 능력을 의심하며, 성공을 두려워하는 사람은 성공 후의 변화를 두렵게 생각합니다.

프로크라스티네이션을 극복하려면 다음과 같은 방법들을 시도해볼 수 있습니다.

첫 번째로, '자기반성'이 있습니다. '미루기'를 이기는 첫걸음은 바로 스스로를 깊이 이해하는 것입니다. 자신이 왜 특정 일을 미루는지, 언제 그런 경향이 나타나는지, 그리고 그 원인이 무엇인지를 파악하는 것이 중요합니다. 이를 위해 자신의 행동 패턴을 관찰하고, 어떤 일을, 언제, 왜 미루는지를 상세하게 기록해보세요. 이런 과정을 통해 자신의 '미루기' 습관에 대한 깊은 이해를 얻을 수 있습니다.

두 번째로, '심리적 편안함 추구'입니다. 일을 미루는 주요한 이유 중 하나는 일에 대한 부담감 때문입니다. 이 부담감을 줄이기 위해, 일을 시작하기 전에 몇 분간 명상을 하거나, 자신이 좋아하는 음악을 들으며 마음을 편안하게 하는 것이 도움이 될 수 있습니다. 이렇게 하면 일을 시작하는 것에 대한 부담감을 줄일 수 있습니다.

세 번째로, '타임 박싱'이라는 방법이 있습니다. 이것은 특정 시간을 정해 그 시간 동안만 일을 집중해서 하는 방법입니다. 이 방법을 통해 시간을 효과적으로 관리하고, 자신의 집중력을 높일 수 있습니다.

네 번째로, '자기계발'이 중요합니다. 자신의 능력을 향상시키는 것은 '미루기'를 극복하는 데 큰 도움이 됩니다. 자신의 능력을 향상시키면 자신감이 생기고, 이로 인해 일을 미루는 것을 줄일 수 있습니다.

이처럼 다양한 방법을 적극 활용하여 '미루기'를 극복하고, 효과적인 시간관리를 통해 삶의 질을 높이는 것은 우리 모두가 추구해야 할 목표입니다. 이를 통해 우리는 더 품격 있는 삶을 살아갈 수 있을 것입니다.

시간을 미루지 않고 즉시 행동하는 법

시간을 미루지 않고 즉시 행동하는 것은 생각보다 쉽지 않은 일입니다. 하지만 몇 가지 전략을 사용하면 이를 효과적으로 실천할 수 있습니다.

1. '5분 시작법' 활용하기

어떤 일이든 시작하는 것이 가장 어렵다는 것입니다. 일단 일을 시작하기만 하면, 그 일을 계속하는 것은 상대적으로 쉽습니다. 이는 우리의 뇌가 '완결성'에 대한 강한 욕구를 가지고 있기 때문입니다. 일단 어떤 일을 시작하면 우리의 뇌는 그 일을 완료하려는 경향이 있습니다.

'5분 시작법'은 이러한 원리를 이용한 것입니다. 어떤 일을 시작하는 것이 어렵다면 그 일을 단지 5분간만 해보기로 결정하는 것입니다. 5분이라는 시간은 짧아서 시작에 대한 부담감을 크게 줄일 수 있습니다.

이 5분 동안에는 그 일에 집중하고, 가능한 한 많은 일을 처리하려고 노력합니다. 5분이 지나면 그 일을 계속할지 말지를 결정할 수 있습니다. 그러나 대부분의 경우, 일단 시작하고 나면 그 일을 계속하려는 경향이 있습니다.

2. '2분 규칙' 적용하기

시간관리 전문가인 데이비드 알렌이 제시한 개념으로, 그의 저서 'Getting Things Done'에서 처음 소개되었습니다. 이 규칙은 매우 간단하지만 생산성을 높이는 데 매우 효과적인 방법입니다.

'2분 규칙'은 이렇게 동작합니다. 만약 어떤 일을 2분 이내에 끝낼 수 있다면 그 일을 바로 하라는 것입니다. 이 규칙은 작은 일들이 쌓여서 큰 부담이 되는 것을 막아주며, 일을 미루는 습관을 줄여줍니다.

예를 들어 이메일을 확인하고 답장하는 것, 식기를 세척하는 것, 책상 위를 정리하는 것 등이 '2분 규칙'에 적합한 일들입니다. 이런 일들은 짧은 시간 안에 처리할 수 있지만, 미루다 보면 큰 부담이 될 수 있습니다.

'2분 규칙'을 적용하면 이런 작은 일들을 즉시 처리하게 되므로 더 큰일에 집중할 수 있는 시간이 늘어납니다. 또한 이런 작은 일들을 즉시 처리하면서 성취감을 느끼게 되므로, 더 큰일을 시작하는 동기를 얻을 수 있습니다. 일을 미루는 습관을 극복하고, 생산성을 향상시키는 데 매우 효과적인 방법입니다.

3. '하루의 가장 중요한 일' 선정하기

효과적인 시간관리와 생산성 향상에 큰 도움을 줍니다. 이 방법은 자신이 하루 동안 가장 중요하게 생각하는 일을 먼저 선정하고, 그 일부터 시작하는 것입니다.

우리는 때때로 일을 시작할 때부터 많은 일들로 인해 압박을 느낄 수 있습니다. 그러나 우리가 하루에 할 수 있는 일은 한정적이므로, 모든 일을 동시에 처리하는 것은 불가능합니다. 따라서 중요한 것은 가장 중요하다고 생각하는 일부터 시작하는 것입니다. 이렇게 하면 우리는 우선순위를 정하고, 그에 따라 효율적으로 시간을 관리할 수 있습니다.

이 방법을 사용하면 중요한 일을 먼저 처리함으로써 그 날의 가장 큰 부담을 먼저 해결할 수 있습니다. 또한 중요한 일을 먼저 처리함으로써 하루를 시작하는 데 필요한 동기부여를 얻을 수 있습니다.

'하루의 가장 중요한 일'을 선정하는 것은 간단하지만, 이를 실천하는 것은 항상 쉽지 않습니다. 그러나 이 방법을 꾸준히 실천하면, 생산성을 향상시키고 시간을 효과적으로 사용할 수 있을 것입니다.

4. '피크 타임' 활용하기

개인의 생체리듬에 따라 집중력이나 효율성이 가장 높은 시간대를 파악하고 그 시간을 가장 중요한 일에 활용하는 방법을 말합니다.

우리 모두는 하루 중 어느 시간대에 가장 활동적이고 생산적인지를 잘 알고 있습니다. 어떤 사람들은 아침에 가장 집중력이 높고, 다른 사람들은 밤에 가장 효율적으로 일을 처리합니다. 이러한 개인별 최적의 작업 시간을 '피크 타임'이라고 합니다.

'피크 타임'을 활용하려면 먼저 자신의 '피크 타임'이 언제인지를 파악해야 합니다. 이를 위해 며칠간 자신의 에너지 수준과 생산성을 기록하고 분석해보세요. 그러면 어떤 시간대에 가장 생산적인지 알 수 있습니다.

이렇게 파악한 '피크 타임' 동안에는 가장 중요하거나 집중력이 필요한 일을 처리하세요. 이 시간에 가장 어려운 일을 처리하면 효율적으로 일을 처리할 수 있습니다.

'피크 타임'을 활용하면 시간을 효과적으로 관리하고 생산성을 높일 수 있습니다.

5. '점진적 진행법' 활용하기

큰 목표나 복잡한 프로젝트를 작은 단계로 나누어 점진적으로 진행하는 방법을 말합니다. 이 방법은 큰일을 한 번에 처리하려고 하면 부담감 때문에 시작조차 힘들 수 있기 때문에, 작은 부분부터 시작해 점진적으로 진행하는 것이 도움이 됩니다.

예를 들어 책을 쓰고자 하는 경우에 전체 책을 한 번에 쓰는 것은 매우 어려울 수 있습니다. 그러나 이를 여러 장으로 나누고, 하루에 한 장씩 쓴다면 훨씬 쉽게 접근할 수 있습니다. 이렇게 큰 목표를 작은 단계로 나누는 것은 우리의 뇌가 작은 성취를 느낄 때 동기부여를 받기 때문에 효과적입니다.

또한, 이 방법은 우리가 자신의 진척 상황을 쉽게 파악할 수 있게 도와줍니다. 작은 단계를 완료할 때마다 성취감을 느끼고, 이는 우리가 다음 단계로 나아가는 데 필요한 동기를 제공합니다.

따라서 '점진적 진행법'을 활용하면 부담감을 줄이고, 일을 시작하는 것을 더 쉽게 만들 수 있습니다.

이런 방법들을 활용하면, 시간을 미루지 않고 즉시 행동에 옮기는 데 도움이 될 것입니다. 이렇게 하면 시간관리 능력이 향상되고, 생산성이 높아져 삶의 품격을 높일 수 있습니다.

02
시간관리와 건강

우리가 시간을 얼마나 잘 관리하느냐는 우리의 일상생활, 일, 그리고 건강에까지 영향을 미칩니다. 시간관리는 단순히 일정을 조정하고, 일을 더 효율적으로 처리하는 것을 넘어서, 우리의 삶의 질과 건강을 향상시키는 데 중요한 역할을 합니다.

시간관리가 건강에 미치는 영향

1. 정규 식사 시간 설정

건강한 생활 습관을 유지하고, 우리의 신체 기능을 최적화하는 데 중요한 요소입니다. 이는 우리의 신체 리듬, 특히 소화계의 리듬을 규칙적으로 유지하는 데 도움이 됩니다.

우리의 몸은 일정한 패턴을 따르는 생체 서클라디안 리듬, 즉 일주기 리듬에 따라 작동합니다. 이러한 패턴은 우리의 수면, 식사, 활동 시간 등을 포함하며, 이는 우리의 신체 시계에 따라 조절됩니다. 따라서 규칙적인 식사 시간을 설정하면 우리의 신체 시계와 일치시키는 데 도움이 됩니다.

이 서클라디안 리듬은 우리의 식사 시간, 수면, 활동 수준 등을 조절하고 있기 때문에, 규칙적인 식사 시간을 설정하는 것은 이런 일주기 리듬을 균형있게 유지하는 데 중요합니다.

규칙적인 식사 시간을 유지하면 소화계가 효율적으로 작동할 수 있습니다. 우리의 몸은 식사 시간이 다가오면 소화를 위한 준비를 시작합니다. 예를 들어, 위산과 소화 효소를 생성하고 식욕을 유발하는 호르몬을 분비합니다. 따라서 식사 시간을 일정하게 유지하면 이러한 소화 과정이 원활하게 이루어집니다.

또한 규칙적인 식사 시간을 유지하면 우리의 에너지 수준을 일정하게 유지하는 데 도움이 됩니다. 식사를 통해 에너지를 공급받는 우리의 몸은 식사 시간이 불규칙하면 에너지 공급이 불안정해질 수 있습니다. 이는 우리의 기분과 활동 수준에 영향을 미칠 수 있습니다.

2. 운동 시간 확보

건강한 생활을 위한 핵심적인 요소입니다. 운동은 우리의 신체 건강을 유지하고, 스트레스를 감소시키며, 우리의 기분을 향상시키는 데 중요한 역할을 합니다.

시간관리를 통해 일정에 운동 시간을 포함시키는 것은 우리의 일상생활에서 운동을 꾸준히 하는 데 큰 도움이 됩니다. 이는 우리가 운동을 '해야 할 일'에서 '하고 싶은 일'로 바꾸는 데 도움을 줍니다.

운동 시간을 확보하는 것은 단순히 운동을 하기 위한 시간을 마련하는 것을 넘어서, 우리의 일상생활에 건강한 습관을 포함시키는 것입니다. 이는 우리의 신체 건강을 유지하고, 에너지 수준을 높이며, 정신적인 건강을 향상시키는 데 중요한 역할을 합니다.

운동은 다양한 형태로 이루어질 수 있습니다. 예를 들어 걷기, 달리기, 요가, 헬스, 수영 등 다양한 형태의 운동이 있으며, 이 중에서 자신이 좋아하고 지속 가능한 운동을 선택하는 것이 중요합니다.

또한 일주일에 몇 번, 얼마나 오래 운동할지를 명확하게 설정하고, 이를 일정에 포함시키는 것이 좋습니다. 이렇게 하면 운동 시간을 확보하는 것이 우리의 일상생활의 일부가 되고, 이는 우리의 건강을 유지하고 향상시키는 데 도움이 됩니다.

3. 충분한 휴식 시간 확보

건강과 생산성을 유지하고 향상시키는 데 중요한 요소입니다. 우리의 몸과 마음은 지속적인 활동 후에는 반드시 회복 시간이 필요하며, 이를 무시하면 건강 문제를 초래할 수 있습니다.

우리의 몸은 휴식 시간 동안 자연스럽게 회복됩니다. 이는 우리의 신체가 에너지를 충전하고, 손상된 세포를 수리하며, 면역 체계를 강화하는 데 필요한 시간입니다. 따라서 충분한 휴식을 확보하지 못하면 우리의 건강이 저하될 수 있습니다.

휴식은 또한 우리의 정신적인 회복에 필요합니다. 지속적인 스트레스와 바쁜 일상으로 인해 우리의 마음은 피로해질 수 있습니다. 휴식을 통해 우리는 스트레스를 해소하고, 감정을 재조정하며, 명상이나 명상과 같은 활동을 통해 우리의 마음을 진정시킬 수 있습니다.

충분한 휴식은 우리의 창의성과 집중력을 향상시키는 데 도움이 됩니다. 휴식은 뇌에 '재충전' 시간을 제공하여 새로운 아이디어를 생각하거나 문제를 해결하는 데 도움이 됩니다.

휴식은 우리가 일을 더 효율적으로 수행하는 데 도움이 됩니다. 휴식 없이 계속 일하는 것은 우리의 생산성을 저하시킬 수 있습니다. 반면에, 휴식을 취하면 우리는 더 집중력 있고 효율적으로 일을 처리할 수 있습니다.

4. 스트레스 관리

우리의 일상 건강과 복지, 그리고 일상생활의 품질에 깊은 영향을 미치는 중요한 요소입니다. 이는 우리의 감정 상태, 정신적 안정, 신체적 건강을 유지하는 데 필수적이며, 이를 통해 우리의 삶의 질을 높일 수 있습니다. 특히 시간관리를 통해 스트레스를 효과적으로 관리하는 것은 우리의 일과 삶의 균형을 유지하고, 건강 문제를 예방하는 데 중요한 요소입니다.

시간을 효과적으로 관리하면 일정을 더 잘 조절하고, 우리가 일에 대한 부담감을 줄이는 데 도움이 됩니다. 이는 우리가 일정에 쫓기는 대신 일정을 주도하는 데 도움이 됩니다. 예를 들어 우선순위를 설정하고, 일정을 계획하고, 필요한 경우에는 일을 미루거나 재조정하는 것이 중요합니다. 이렇게 하면 우리는 일정과 일의 우선순위를 더 잘 이해하고, 이를 통해 스트레스를 줄일 수 있습니다.

시간관리를 통해 주기적인 휴식 시간을 설정하는 것은 스트레스를 관리하는 데 중요합니다. 충분한 휴식 시간을 확보하는 것은 우리의 스트레스 수준을 낮추는 데 도움이 됩니다.

시간관리는 우리가 스트레스를 느끼는 원인을 제어하는 데 도움이 될 수 있습니다. 예를 들어 시간을 효과적으로 관리하면 우리는 일과 삶 사이의 균형을 유지하고, 우리의 일과 책임을 더 잘 이해하고, 일에 대한 부담감을 줄일 수 있습니다.

시간관리를 통해 건강한 생활 습관, 예를 들어 규칙적인 식사, 충분한 수면, 꾸준한 운동 등을 유지하는 것은 스트레스를 관리하는 데 중요합니다. 이러한 건강한 생활 습관은 우리의 신체적, 정신적 건강을 향상시키며, 스트레스에 대한 우리의 저항력을 높입니다.

5. 건강한 생활 습관 유지

우리의 전반적인 건강과 행복에 깊은 영향을 미치는 중요한 요소입니다. 이는 우리의 일상적인 행위와 선택들이 우리의 건강에 미치는 영향을 인식하고, 그에 따라 행동하는 것을 의미합니다. 건강한 생활 습관은 단순히 신체적 건강만이 아니라, 정신적 건강과 감정 상태에도 큰 영향을 미칩니다.

균형 잡힌 식사는 건강한 생활 습관의 핵심입니다. 이는 신체의 필수 영양소 공급, 에너지 수준 유지, 체중 관리, 그리고 일부 질병 예방에 도움이 됩니다. 또한, 일정한 시간에 규칙적인 식사를 하는 것도 중요합니다. 이는 신체의 에너지 공급을 일정하게 유지하며, 식욕 조절에 도움이 됩니다.

충분한 수분 섭취는 우리의 몸이 제대로 작동하는 데 필수적입니다. 이는 체온 조절, 영양소의 세포 전달, 체내 폐기물 제거 등에 도움이 됩니다. 또한 수분은 관절의 원활한 움직임을 돕는 데도 중요한 역할을 합니다. 뇌 기능에 있어서도 수분은 중요한데, 충분한 수분 섭취는 집중력과 기억력 향상에 도움이 됩니다.

흡연과 과도한 음주는 우리의 건강에 해롭습니다. 이들을 피하고, 필요한 경우에는 전문가의 도움을 받아 이러한 습관을 중단하는 것이 중요합니다. 이는 심장 질환, 암, 간 질환 등 다양한 건강 문제를 예방하는 데 도움이 됩니다.

마음의 건강을 챙기는 것도 중요합니다. 이는 스트레스 관리, 충분한 수면, 사회적 활동, 취미나 휴식을 즐기는 것 등을 포함합니다. 이를 통해 우리는 우리의 감정 상태를 관리하고, 우리의 정신적 복지를 향상시킬 수 있습니다.

결국, 시간관리는 단순히 일의 효율성을 높이는 것이 아니라,

우리의 삶의 질과 건강을 향상시키는 데 중요한 역할을 합니다.

시간을 아끼는 방법

시간을 아끼는 것은 삶의 질을 높이고 생산성을 향상시키는 중요한 요소입니다. 시간은 한정된 자원이기 때문에 효율적인 시간 관리는 여러 가지 일을 성공적으로 수행하고, 개인적인 목표를 달성하는 데 도움이 됩니다. 또한, 시간을 잘 관리하면 스트레스를 줄이고, 여가 시간을 확보하여 취미나 휴식을 즐길 수 있습니다. 이는 정신적, 신체적 건강을 유지하고, 삶의 만족도를 높이는 데 큰 영향을 미칩니다.

시간을 아끼는 방법에 대해 설명드리겠습니다.

1. 우선순위 설정

일의 중요도와 긴급성에 따라 어떤 일을 먼저 처리할 것인지 결정하는 과정입니다. 이는 시간을 효율적으로 관리하고, 일의 질을 높이는 데 중요한 요소입니다.

일의 중요도는 그 일이 당신의 목표나 가치와 얼마나 관련이 있는지로 판단하며, 긴급성은 그 일을 얼마나 빨리 처리해야 하는지에 따라 판단합니다.

일을 '중요하고 긴급한 일', '중요하지만 긴급하지 않은 일', '긴급하지만 중요하지 않은 일', '중요하지도 긴급하지도 않은 일'로 분류합니다.

'중요하고 긴급한 일'은 가장 먼저 처리하고, 그 다음으로 '중요하지만 긴급하지 않은 일'을 처리합니다. '긴급하지만 중요하지 않은 일'은 가능하면 다른 사람에게 위임하고, '중요하지도 긴급하지도 않은 일'은 가능한 한 피하거나 나중으로 미뤄두는 것이 좋습니다.

이렇게 일의 우선순위를 설정하면, 시간을 효율적으로 사용하고, 중요한 일에 집중할 수 있습니다.

2. 멀티태스킹 대신 싱글태스킹

멀티태스킹은 여러 가지 일을 동시에 처리하는 것을 의미하며, 싱글태스킹은 한 가지 일에만 집중하는 것을 의미합니다.

멀티태스킹은 여러 가지 일을 동시에 처리하려고 할 때 발생하는 '작업 전환 비용' 때문에 생산성이 떨어질 수 있습니다. 작업 전환 비용이란 한 가지 일에서 다른 일로 주의를 전환하는 데 소요되는 시간과 에너지를 말합니다. 이는 뇌가 여러 가지 일을 동시에 처리하는 데 한계가 있기 때문입니다.

반면, 싱글태스킹은 한 가지 일에만 집중함으로써 작업 전환 비용을 줄이고 생산성을 향상시킵니다. 한 가지 일을 시작하고 완료한 후에 다음 일로 넘어가는 방식입니다. 이 방법을 통해 집중력을 높이고, 일의 질을 향상시킬 수 있습니다. 따라서 가능하면 멀티태스킹보다는 싱글태스킹을 추천드립니다.

3. 디지털 도구 활용

디지털 도구의 활용은 현대인의 시간관리와 생산성 향상에 있어서 결정적인 역할을 합니다. 현재 우리가 사용하는 스마트폰이나 컴퓨터는 다양한 애플리케이션을 가지고 있어, 이를 적절히 활용하면 일상의 일과 시간을 효과적으로 관리하고 생산성을 올릴 수 있습니다. 여기서는 그러한 디지털 도구들 중 일부를 소개하고자 합니다.

첫 번째로, 각종 캘린더 앱을 활용한 일정 관리를 생각해볼 수 있습니다. Google 캘린더나 Apple 캘린더와 같은 앱들은 사용자가 일정을 쉽게 입력하고 관리할 수 있도록 도와줍니다. 이들 앱은 일정을 입력하고, 알림을 설정하며, 다른 사람과 일정을 공유하는 등의 다양한 기능을 제공하므로, 일정 관리에 큰 도움이 됩니다.

두 번째로, 할 일 목록 앱을 활용한 일의 관리입니다. Todoist

나 Microsoft To Do와 같은 앱은 사용자가 할 일 목록을 쉽게 작성하고 관리할 수 있습니다. 이를 통해 일의 우선순위를 정하고, 마감 기한을 설정하며, 일의 진행 상황을 체크, 관리할 수 있습니다.

세 번째로, 타이머 앱을 활용한 집중력 향상입니다. Pomodoro Timer나 Forest와 같은 앱은 사용자의 집중력을 높이는 데 큰 도움이 됩니다. 이들은 일정 시간 동안 집중하고, 그 후 짧은 휴식 시간을 갖는 팜포도 기법을 쉽게 적용할 수 있게 해줍니다.

마지막으로, 클라우드 저장소의 활용입니다. Google Drive나 Dropbox와 같은 클라우드 저장소를 사용하면 파일을 언제 어디서나 접근할 수 있으며, 다른 사람과 쉽게 공유할 수 있습니다.

이처럼 디지털 도구를 활용하면 시간을 효율적으로 관리하고, 일의 생산성을 향상시킬 수 있습니다.

4. 일정 버퍼 시간 설정

일정 버퍼 시간 설정은 일정 계획 시 일정 간격을 두어 예상치 못한 상황에 대응할 수 있는 시간을 마련하는 것을 의미합니다. 이는 시간관리 전략의 하나로, 특히 복잡하거나 예측이 어려운 작업을 수행할 때 유용합니다.

일상생활에서 모든 것이 항상 계획대로 진행되지는 않습니다. 예상치 못한 일이 발생하거나, 기존의 일정이 예상보다 더 오래 걸리는 경우가 흔히 있습니다. 이런 상황에서 버퍼 시간이 없다면, 전체 일정이 지연되거나, 다음 일정에 영향을 줄 수 있습니다.

따라서 일정을 계획할 때는 각 일정 사이에 버퍼 시간을 설정하는 것이 좋습니다. 예를 들어, 회의가 끝나고 다음 회의가 시작하기까지 10~15분의 버퍼 시간을 두는 것이 좋습니다. 이 시간 동안에는 이전 회의의 후처리를 할 수 있고, 다음 회의 준비를 할 수 있습니다.

버퍼 시간을 두면, 일정이 약간 지연되더라도 다음 일정에 큰 영향을 주지 않고, 스트레스 없이 일을 진행할 수 있습니다.

5. '아니오'라고 말하기

자신의 시간과 에너지를 보호하는 중요한 방법입니다. 우리는 때때로 다른 사람들의 기대나 요구에 부응하려는 압박감을 느낄 수 있습니다. 하지만 모든 일을 수용하려고 하면, 자신의 주요 목표에 집중하는 데 방해가 될 수 있습니다.

'아니오'라고 말하는 것은 쉽지 않은 일입니다. 특히 우리가 그 사람을 존중하거나, 그 사람의 기분을 상하게 하고 싶지 않을 때 더욱 그렇습니다. 그러나 자신의 우선순위와 목표를 지키기 위해선 필요한 경우에는 거절할 수 있는 능력이 필요합니다.

'아니오'라고 말할 때는 명확하고, 친절하며, 단호하게 말하는 것이 중요합니다. 그리고 거절의 이유를 간단하게 설명해주는 것도 좋습니다. 이렇게 하면 상대방은 당신의 결정을 이해하고 존중할 확률이 높아집니다.

03
시간관리와 가족/친구와의 관계

시간관리는 개인의 삶뿐만 아니라 가족이나 친구와의 관계에도 중요한 영향을 미칩니다. 효율적인 시간관리는 가족이나 친구와의 소중한 시간을 확보하고, 그 관계를 더욱 풍요롭게 만들 수 있는 기반을 제공합니다.

1. 우선순위 설정

시간을 관리하는 첫 번째 단계는 우선순위를 설정하는 것입니다. 가족이나 친구와 보내는 시간은 우리 삶에서 중요한 부분이며, 이를 위해 시간을 할애해야 합니다. 일과 가족/친구와의 관계 사이에서 균형을 찾는 것이 중요합니다.

2. 계획적 접근

시간관리에 계획이 중요한 이유는 우리가 시간을 어떻게 사용하고 있는지를 명확하게 파악하고, 더 효과적으로 사용할 수 있도록 돕기 때문입니다. 이를 위해 가족이나 친구와의 소중한 시간을 일정에 포함시키세요.

3. 질적 시간 확보

가족이나 친구와 보내는 시간의 양보다 질이 더 중요합니다. 짧은 시간이라도 집중하여 소중한 사람들과 의미있는 시간을 보내는 것이 중요합니다.

4. 기술 사용

디지털 기술을 활용하여 시간을 관리하세요. 캘린더 앱이나 시간관리 앱을 활용하면 일정 관리가 편리해집니다.

5. 유연성 유지

완벽한 시간관리는 불가능합니다. 예기치 못한 일이 발생하거나 계획대로 진행되지 않는 경우에 대비하여 유연성을 유지하세요.

'시간과 공간의 유연성'이란 개인의 생활 패턴이나 환경에 따라 시간과 공간을 유연하게 조절하고 활용하는 능력을 의미합니다. 이는 시간과 공간의 제약을 최소화하고, 개인의 효율성과 삶의 질을 향상시키는 중요한 요소입니다.

1. 시간의 유연성 : 시간의 유연성은 개인의 생체 리듬, 작업 효율성, 그리고 생활 패턴에 따라 작업 시간을 조절하는 능력을 말합니다. 예를 들어, 어떤 사람은 아침에 가장 집중력이 높을 수 있고, 어떤 사람은 밤에 가장 생산적일 수 있습니다. 이러한 개인의 피크 타임을 파악하고 그에 맞춰 작업 시간을 조절하는 것이 시간의 유연성입니다.
2. 공간의 유연성 : 공간의 유연성은 주어진 공간을 가장 효율적으로 활용하는 능력을 의미합니다. 이는 특히 원격 작업이나 재택근무 등에서 중요한 요소입니다. 집, 카페, 도서관 등 다양한 공간에서 작업할 수 있도록 환경을 조성하고, 필요에 따라 그 공간을 변경할 수 있는 능력이 공간의 유연성입니다.

시간과 공간의 유연성을 활용하면 개인의 생활 패턴에 맞춘 효율적인 작업이 가능해집니다. 이는 또한 가족이나 친구와의 관계 유지, 취미나 여가 활동 등 개인의 삶의 질을 향상시키는 데도 큰 도움이 됩니다. 이러한 유연성을 활용하기 위해서는 개인의 생활 패턴과 작업 스타일을 잘 파악하고, 그에 맞는 시간과 공간을 선택하는 능력이 필요합니다.

가족/친구와의 소통 시간 확보 방법

가족이나 친구와의 소통 시간은 삶의 품격을 높이는 데 중요한 요소입니다. 그러나 이를 위해 효과적인 시간관리가 필요합니다. 여기서는 이전에 언급하지 않았던 몇 가지 추가적인 방법을 제안하겠습니다.

1. 시간 블록 지정

일정에 가족이나 친구와 보낼 시간을 명확하게 지정하세요. 이 '시간 블록'은 그 시간 동안 다른 일을 하지 않고 해당 활동에만 집중하는 시간입니다. 이렇게 하면 다른 일에 시간이 분산되는 것을 방지하고 소중한 사람들과의 소통에 집중할 수 있습니다.

2. 비효율적인 시간 줄이기

불필요한 활동이나 비효율적인 시간을 줄이면 가족이나 친구와 보낼 시간을 늘릴 수 있습니다. 예를 들어, 스마트폰을 너무 많이 사용하거나, TV를 오래 보는 등의 시간을 줄이는 것입니다.

3. 일상 속에서의 소통

모든 소통이 별도의 시간을 필요로 하는 것은 아닙니다. 집안일을 같이 하면서 대화를 나누거나, 식사 시간을 함께하면서 이야기를 나누는 등 일상 속에서도 소통의 시간을 만들 수 있습니다.

4. 소통의 질 향상

가족이나 친구와의 소통 시간 확보는 양보다는 질에 초점을 맞춰야 합니다. 짧은 시간이라도 진심으로 대화를 나누고 상대방을 이해하려는 노력을 하는 것이 중요합니다.

'퀄리티 타임'이라는 용어는 소중한 사람들과 보내는 시간을 가리키며, 그 시간이 얼마나 긴지에 초점을 맞추는 것이 아니라 그 시간이 얼마나 의미 있고 질이 높은지에 중점을 두는 개념입니다.

1. 집중력 있는 소통 : 퀄리티 타임을 성공적으로 보내기 위해서는 집중력이 필수적입니다.
2. 공유 활동 : 공통의 관심사나 취미를 찾아 서로 함께 활동하는 것도 퀄리티 타임을 보내는 데 있어 효과적인 방법입니다.
3. 의미 있는 대화 : 가족이나 친구와의 퀄리티 타임은 깊이 있는 대화를 통해 더욱 풍부해집니다.
4. 정직한 표현 : 서로에게 정직하게 자신의 감정을 표현하는 시간입니다. 이는 상대방을 더 잘 이해하고 서로에 대한 존중과 이해를 높이는 데 큰 도움이 됩니다.

공휴일/휴일 시간관리 전략

공휴일이나 휴일은 일상에서 벗어나 휴식을 취하거나 개인적인 취미나 가족, 친구와의 소통에 시간을 보내는 중요한 시간입니다. 그러나 이런 특별한 날들을 효과적으로 관리하지 않으면, 결국 낭비하거나 불필요한 스트레스를 경험하게 될 수 있습니다. 아래에 몇 가지 공휴일 및 휴일 시간관리 전략을 제안하겠습니다.

1. 미리 계획하기

휴일이나 공휴일이 시작되기 전에 어떻게 시간을 보낼지 미리 계획해두세요. 이때 계획을 세울 때는 개인적인 목표나 가치를 반영하도록 하세요. 예를 들어, 휴식을 목표로 한다면 편안한 활동을, 가족과의 시간을 중요시 한다면 가족과 함께 할 수 있는 활동을 계획하세요.

2. 현실적인 계획 세우기

모든 것을 한 번에 이루려고 하지 마세요. 대신 현실적인 범위 내에서 계획을 세우고 그 계획을 따르도록 노력하세요. 예를 들어, 하루에 여러 가지 활동을 계획하기보다는 1-2가지 중요한 활동에 초점을 맞추는 것이 현실적일 수 있습니다.

3. 유연성 가지기

모든 계획이 항상 원하는 대로 진행되지는 않습니다. 계획에 유연성을 가지고, 필요에 따라 계획을 수정하거나 변경할 수 있는 능력이 중요합니다.

4. 자기 관리

휴일과 공휴일은 휴식을 취하고 에너지를 충전하는 좋은 기회입니다. 따라서 이 시간 동안에는 건강관리에 신경 쓰고, 충분한 수면과 휴식을 취하는 것이 중요합니다.

5. 몰입 시간 확보

휴일에는 평소에 하지 못했던 책 읽기, 영화 보기, 취미 활동 등에 몰입할 수 있는 시간을 확보하는 것이 좋습니다. 이를 통해 새로운 에너지를 얻고, 일상에서의 스트레스를 해소할 수 있습니다.

제4장

시간관리의 실제 적용 사례

성공한 사람들의 20가지 시간관리 습관

01
성공한 인물들의 시간관리 전략

시간관리에 대한 전략은 사람마다 다르며, 각각의 성공한 인물들이 그들만의 독특한 방식을 가지고 있습니다. 일반인들이 이들의 전략을 참고하여 자신만의 시간관리 전략을 세우는데 도움이 될 수 있을 것입니다. 몇몇 성공한 인물들의 시간관리 전략을 소개하겠습니다.

워런 버핏

워런 버핏은 세계적으로 유명한 투자가로 널리 알려져 있습니다. 그의 성공의 비결 중 하나는 고유한 시간관리 전략으로, 이는 무척 단순하면서도 효과적인 방법입니다. 그는 '아니요'라는 말을 적극적으로 활용하여 자신의 시간을 효과적으로 관리하고 있으며, 이 점은 그의 성공에 많은 부분을 기여하고 있다는 것을 강조하고 있습니다.

버핏의 이러한 시간관리 전략은 그의 비즈니스 철학에서 비롯된 것으로, 그는 자신의 시간을 가장 중요한 투자라고 간주합니다. 그는 그 시간을 가장 가치 있는 일에 투자하려는 노력을 지속적으로 해왔습니다. 그의 이런 접근법은 그 자신이 불필요하거나 중요하지 않은 일에 시간을 낭비하는 것을 피하게끔 합니다. 그는 '아니요'라는 말을 두려워하지 않고, 이를 적극적으로 활용하여 자신의 시간을 최대한 효율적으로 활용합니다.

실제로, 버핏에게 불필요하거나 중요하지 않은 제안이 제시되면, 그는 과감하게 그 제안을 거절합니다. 이렇게 해서 그는 자신의 시간을 최대한 효율적으로 활용할 수 있게 되었고, 이는 그의 엄청난 성공에 크게 기여하였습니다.

이러한 워런 버핏의 시간관리 전략은 우리 모두에게 중요한 교훈을 제공합니다. 그 교훈은 바로 우리의 시간은 한정되어 있으며, 그 시간을 어떻게 사용하느냐가 우리의 성공을 결정한다는 것입니다. 따라서 우리는 버핏처럼 '아니요'라는 말을 두려워하지 않고, 우리의 시간을 가장 중요하고 가치 있는 일에 집중해야 한다는 것입니다. 이렇게 하면 우리는 우리의 시간을 효율적으로 활용하고, 그 결과 우리의 성공을 추구하는 데 큰 도움이 될 것입니다.

빌 게이츠

빌 게이츠는 마이크로소프트의 공동 창업자이자 세계에서 가장 영향력 있는 인물 중 한 명으로, 그의 시간관리 전략은 많은 사람들에게 큰 영감을 줍니다. 그는 '생각하는 시간'을 갖는 것을 중요하게 생각하며, 그 시간을 통해 전략을 수립하고 큰 그림을 그립니다.

그는 매주 몇 시간 동안 비즈니스와 개인적인 목표 등에 대해 깊이 생각하는 시간을 가집니다. 그는 이 시간 동안 아무런 방해 없이 전략을 수립하고, 큰 그림을 그리며, 창의적인 아이디어를 생각해냅니다. 이러한 '생각하는 시간'은 그에게 새로운 통찰력을 주고, 그의 비즈니스에 중요한 방향성을 제공합니다.

이 '생각하는 시간'을 통해 자신이 직면한 문제나 도전에 대해 깊이 생각하며, 이를 해결하기 위한 새로운 방법을 찾아냅니다. 이러한 접근법은 그가 계속해서 혁신을 이끌어내고, 그의 비즈니스를 성공으로 이끄는 데 크게 기여하였습니다.

이와 같은 빌 게이츠의 '생각하는 시간' 전략은 우리 모두에게 중요한 교훈을 줍니다. 그것은 바로 우리의 시간을 효과적으로 활용하기 위해서는 깊이 생각하고, 전략을 수립하고, 큰 그림을 그리는 시간이 필요하다는 것입니다. 이를 통해 우리는 우리의 목표를 향해 더욱 효과적으로 나아갈 수 있습니다.

팀 페리스

팀 페리스는 저자이자 창업가로, 그의 시간관리 전략은 많은 사람들에게 영향을 끼쳤습니다. 페리스는 '80/20 법칙'을 적극적으로 활용하며, 이를 통해 자신의 시간을 효과적으로 관리합니다.

80/20 법칙, 또는 파레토 원칙은 어떤 상황에서든지 대부분의 결과(80%)는 일부 요인(20%)에 의해 생성된다는 이론입니다. 페리스는 이 원칙을 자신의 시간관리 전략에 적용하며, 이를 통해 자신의 시간과 에너지의 80%가 결과의 20%를 만들어낸다는 사실을 인식하고 있습니다.

이 의미는 중요한 일에 집중하고 나머지는 최대한 배제하려는 노력을 의미합니다. 그는 이 원칙을 이용해 자신의 일을 분석하고, 가장 중요한 20%의 일에 집중하며, 나머지 80%의 덜 중요한 일은 최대한 배제하거나 외주화합니다.

이렇게 시간을 효과적으로 관리함으로써 페리스는 더 적은 시간과 노력으로 더 큰 결과를 얻을 수 있게 되었습니다. 이러한 접근법은 그의 다양한 성공에 크게 기여하였으며, 우리 모두에게 시간관리에 대한 중요한 교훈을 제공합니다.

일론 머스크

테슬라와 스페이스X의 CEO인 일론 머스크는 그의 독특한 시간관리 전략으로 잘 알려져 있습니다. 그는 자신의 시간을 5분 단위로 나누어 관리하는 방식을 취하고 있습니다. 이를 '타임 박싱'이라고도 부릅니다.

머스크는 일과를 5분 단위로 나누어 계획하며, 이를 통해 하루 동안 수행해야 할 다양한 업무를 최대한 효율적으로 처리합니다. 그는 이 시간 동안 특정 업무에만 집중하며, 그 외의 다른 일은 신경 쓰지 않습니다. 이러한 방식은 그에게 집중력을 높이고, 생산성을 극대화하는 데 도움을 줍니다.

또한, 이러한 '타임 박싱' 방식은 그에게 하루를 최대한 효율적으로 활용할 수 있는 기회를 제공합니다. 그는 이 시간을 활용하여 테슬라와 스페이스X와 같은 복잡하고 중요한 프로젝트를 동시에 관리하며, 그의 목표를 향해 빠르게 전진할 수 있게 합니다.

이러한 그의 시간관리 전략은 우리 모두에게 중요한 교훈을 제공합니다. 그것은 바로 우리의 시간을 효과적으로 관리하고, 각각의 일에 집중함으로써 우리는 더 큰 성과를 이룰 수 있다는 것입니다. 이처럼 우리는 머스크처럼 자신의 시간을 나누어 관리하고, 각각의 시간 동안 특정한 일에만 집중함으로써 우리의 생산성을 극대화할 수 있습니다.

마크 저커버그

메타의 CEO인 마크 저커버그는 시간관리에 대한 독특한 접근법을 가지고 있습니다. 그는 일상생활에서의 선택을 최소화함으로써 의사 결정에 대한 스트레스를 줄이는 전략을 채택합니다.

그는 일상에서 반복적으로 발생하는 작은 결정들이 누적되어 큰 에너지를 소모하고, 이로 인해 중요한 의사 결정을 내리는 데 필요한 에너지와 집중력이 소모된다는 사실을 인식하고 있습니다. 그래서 그는 일상에서의 선택을 최대한 줄이려고 노력합니다.

이를 위해 그는 매일 똑같은 회색 티셔츠를 입습니다. 이렇게 하면 그는 의복에 대한 결정을 할 필요가 없으므로, 그로 인해 생긴 여유 시간과 에너지를 더 중요한 의사 결정에 집중하는 데 사용할 수 있습니다.

이러한 저커버그의 접근법은 우리에게 중요한 교훈을 줍니다. 바로 작은 일에 대한 선택과 결정이 누적되어 큰 에너지를 소모한다는 것, 그리고 이로 인해 중요한 의사 결정을 내리는 데 필요한 에너지와 집중력이 소모될 수 있다는 것입니다. 따라서 우리는 저커버그처럼 일상에서의 선택을 최소화하여 중요한 일에 더 집중할 수 있는 방법을 찾아야 합니다.

리처드 브랜슨

버진 그룹의 창업자인 리처드 브랜슨은 일과 건강을 균형 있게 유지하는 데 중점을 두는 것으로 알려져 있습니다. 그는 운동을 통해 생산성을 높이는 것을 강조하며, 이를 시간관리의 일부로 간주합니다.

브랜슨은 매일 아침 일어나자마자 운동을 합니다. 그는 이 시간을 통해 에너지를 충전하고, 그로 인해 하루 동안 더욱 집중력을 유지하며 효율적으로 일할 수 있다고 믿습니다. 또한, 그는 운동을 통해 스트레스를 해소하고, 더욱 명확하게 생각할 수 있다고 주장합니다.

브랜슨의 이러한 접근법은 그의 비즈니스 성공에 크게 기여하였습니다. 그는 이를 통해 자신의 에너지를 유지하고, 집중력을 높이며, 하루를 효과적으로 관리할 수 있었습니다.

이런 그의 시간관리 전략은 우리 모두에게 중요한 교훈을 제공합니다. 그것은 바로 우리의 건강과 일은 서로 연결되어 있으며, 우리의 건강을 유지함으로써 우리는 우리의 생산성을 높일 수 있다는 것입니다. 따라서 우리는 브랜슨처럼 운동과 같은 건강관리를 시간관리의 일부로 간주하고, 이를 통해 우리의 에너지와 집중력을 높일 수 있습니다.

스티브 잡스

애플의 공동 창업자인 스티브 잡스는 그의 시간관리 전략으로 유명합니다. 그는 일주일에 한 번 '빅 픽처'에 대해 생각하는 시간을 가지는 것을 중요하게 생각했습니다.

잡스는 이 '빅 픽처' 시간을 사용하여 자신의 일과 목표를 재평가하고, 필요한 경우에는 새로운 방향을 설정하였습니다. 그는 이 시간을 통해 자신의 일에 대한 전반적인 이해를 높이고, 중장기적인 목표에 대한 명확한 비전을 설정하였습니다.

또한, 그는 이 시간을 통해 자신이 진행하고 있는 프로젝트에 대한 깊은 통찰력을 얻었습니다. 그는 이를 통해 자신의 프로젝트가 올바른 방향으로 진행되고 있는지 확인하고, 필요한 경우에는 새로운 전략을 수립하거나 수정하였습니다.

이러한 잡스의 접근법은 그의 창의성과 혁신을 촉진하는 데 크게 기여하였습니다. 그는 이를 통해 애플을 세계적인 기업으로 성장시킬 수 있었고, 다양한 혁신적인 제품을 세상에 선보일 수 있었습니다.

이런 잡스의 시간관리 전략은 우리 모두에게 중요한 교훈을 제공합니다. 그것은 바로 우리의 일과 목표를 주기적으로 재평가하고, '빅 픽처'에 대해 생각하는 시간을 가지는 것의 중요성입니다. 이를 통해 우리는 우리의 일에 대한 전반적인 이해를 높일 수 있고, 우리의 목표에 대한 명확한 비전을 설정할 수 있습니다.

이처럼 성공한 인물들마다 자신만의 시간관리 전략이 있으며, 이들의 전략을 참고하되, 개인의 생활 패턴과 목표에 맞게 조정하고 적용하는 것이 중요합니다.

02
시간관리 실패 사례와 그 교훈

시간관리 실패는 대체로 명확한 목표 설정의 부재, 일을 미루는 습관, 과도한 일정 등에서 비롯됩니다. 명확한 목표가 없으면, 우리는 우리의 시간을 효율적으로 사용하는 것이 어렵습니다. 일을 미루는 습관은 마감 시간에 쫓기는 상황을 만들어 퀄리티를 저하시킵니다. 마지막으로, 과도한 일정은 스트레스를 증가시키고 생산성을 감소시킵니다. 이러한 실패 사례들은 우리에게 시간관리의 중요성과 그 방법을 깨닫게 해줍니다.

1. 실패 사례 : 미루기의 함정

많은 사람들이 공감할 수 있는 사례입니다. 이것은 일을 미루는 습관이 어떻게 시간관리를 어렵게 만드는지, 그리고 결국 수행 결과에 어떤 부정적인 영향을 미치는지를 보여줍니다.

백 대리는 중요한 프로젝트를 수행하고 있었지만, 그는 일을 미루는 습관이 있었습니다. 이것은 일을 미루는 것이 그에게 편안함을 주기 때문이었을 수도 있고, 그가 작업에 대한 두려움이나 부담감을 느꼈기 때문일 수도 있습니다. 하지만 그의 이런 습관은 그에게 시간적인 압박을 주었고, 이는 그가 퀄리티가 떨어지는 작업을 제출하게 만들었습니다.

결과적으로, 그의 신뢰성은 심각하게 손상되었습니다. 그의 동료나 상사는 그를 믿을 수 없게 되었고, 그는 이로 인해 비판을 받게 되었습니다. 이것은 그에게 스트레스를 주었고, 그의 직장에서의 성과와 행복도를 저해하였습니다.

이 사례에서 배울 수 있는 교훈은 '미루기'는 시간관리의 큰 적이라는 것입니다. 미루는 습관을 고치려면, 우선 우리는 이 습관이 왜 나타나는지를 이해해야 합니다. 그러고 나서 우리는 이를 고치기 위한 전략을 세워야 합니다. 이는 일을 미루지 않고 즉시 처리하는 습관을 기르는 것, 일정을 잘 관리하는 것, 그리고 우선순위를 설정하는 것을 포함할 수 있습니다. 이런 방식으로 우리는 시간을 효율적으로 사용하고, 우리의 일과 목표를 성공적으로 수행할 수 있습니다.

2. 실패 사례 : 과다한 일정

과도한 업무 부담과 비효율적인 시간관리가 어떻게 팀의 생산성과 웰빙을 해칠 수 있는지를 보여줍니다.

백 팀장은 항상 일정을 과도하게 잡아 팀원들에게 일을 부여하였습니다. 이런 행동의 배경에는 그의 업무에 대한 과도한 열정이나 완벽주의, 혹은 그의 팀에 대한 높은 기대치가 있었을 수 있습니다. 하지만 이런 일정 관리 방식은 팀원들에게 끊임없는 스트레스를 주었고, 이는 결국 팀의 전반적인 생산성을 떨어뜨렸습니다.

과도한 업무 부담은 팀원들의 업무 질을 저하시키고, 그들의 창의성과 집중력을 해칩니다. 더 나아가, 이는 팀원들의 건강과 행복도 해칠 수 있으며, 이는 장기적으로 팀의 성과에도 부정적인 영향을 미칠 수 있습니다.

이 사례에서 배울 수 있는 교훈은 과도한 일정은 생산성을 떨어뜨릴 뿐만 아니라, 팀원들의 건강과 행복도 해칠 수 있다는 것입니다. 이를 피하려면, 팀장은 합리적인 일정을 설정하고, 팀원들의 역량과 의견을 적절히 고려해야 합니다. 또한, 팀원들에게 충분한 휴식 시간을 제공하고, 그들의 웰빙을 유지하는 것도 중요합니다. 이런 방식으로 팀장은 팀의 생산성을 향상시키고, 팀원들의 행복과 건강을 보장할 수 있습니다.

3. 실패 사례 : 명확한 목표 없음

명확한 목표의 부재가 어떻게 시간관리와 전반적인 성과에 부정적인 영향을 미치는지를 보여줍니다.

한 사업가가 비즈니스를 시작했지만, 그는 자신의 비즈니스에 대한 명확한 목표를 설정하지 않았습니다. 그의 비즈니스는 아마도 그의 열정이나 재능에 기반하여 시작되었을 수 있지만, 그는 그의 비즈니스가 어디로 가야 하는지 그리고 어떻게 거기에 도달해야 하는지에 대한 명확한 계획이 없었습니다.

결과적으로 그는 시간을 효율적으로 사용하지 못하였고, 그의 비즈니스는 방향성을 잃게 되었습니다. 그의 비즈니스는 목표 없이 무작정 나아가게 되었고, 이는 그의 비즈니스 성과에 부정적인 영향을 미쳤습니다. 그는 자신의 비즈니스가 실패로 끝나는 것을 경험하게 되었습니다.

이 사례에서 배울 수 있는 교훈은 명확한 목표는 시간관리의 핵심이라는 것입니다. 명확한 목표가 없다면, 우리는 우리의 시간을 효율적으로 사용하는 것이 어렵습니다. 우리는 목표를 달성하기 위한 계획을 세울 수 없고, 우리의 일을 우선순위에 따라 정렬할 수 없습니다.

4. 실패 사례 : 구체적이지 않은 계획

계획을 세우는 것의 중요성과 그 계획이 얼마나 구체적이어야 하는지를 보여주는 좋은 예입니다.

백 대표는 매일 아침 일어나서 할 일의 목록을 작성했습니다. 그의 의지는 칭찬받을 만했지만, 그의 계획은 구체적이지 않았습니다. 그가 작성한 목록은 '이메일 확인하기', '회의 참석하기', '사업계획서 작성하기' 등의 일반적인 항목들로 이루어져 있었습니다. 그러나 그는 이들 각각을 언제, 어떻게, 왜 수행해야 하는지에 대한 구체적인 계획이 없었습니다.

결과적으로, 그는 매일 무엇을 먼저 해야 할지, 어떻게 그 일을 진행할지 결정하는 데 많은 시간을 소비했습니다. 그의 시간은 비효율적으로 사용되었고, 그의 사업은 크게 성장하지 못했습니다.

이 사례에서 배울 수 있는 교훈은 시간관리에 있어서 구체적인 계획의 중요성입니다. '무엇을 할 것인지'만 결정하는 것이 아니라

'언제, 어떻게, 왜' 그 일을 할 것인지까지를 포함하는 구체적인 계획을 세우는 것이 중요합니다. 이렇게 하면 우리는 우리의 시간을 효과적으로 사용하고, 우리의 목표를 성공적으로 달성할 수 있습니다.

5. 실패 사례: 휴식 시간 부족

적절한 휴식의 중요성을 잘 보여주고 있습니다.

서준이는 시험 기간 동안 밤새 공부하였습니다. 그는 휴식 시간을 적게 가져가며, 모든 시간을 공부하는 데 사용하였습니다. 그의 생각에는 더 많은 시간을 공부하면 더 많은 정보를 습득하고, 결과적으로 더 높은 성적을 얻을 수 있을 것이라는 것이었습니다.

그러나 그의 성적은 오히려 떨어졌습니다. 그는 과도한 공부로 인해 피곤해졌고, 이는 그의 집중력을 떨어뜨렸습니다. 또한, 그는 충분한 휴식을 취하지 않아 그의 뇌가 학습한 정보를 제대로 처리하고 저장하지 못했습니다.

이 사례에서 배울 수 있는 교훈은 적절한 휴식의 중요성입니다. 휴식은 우리의 뇌에게 학습한 내용을 처리하고 저장할 시간을 제공합니다. 또한, 휴식은 우리의 에너지를 회복시켜 다음 일에 대비할 수 있게 합니다. 따라서 우리는 효과적인 시간관리를 위해 충분한 휴식 시간을 가져야 합니다.

"파킨슨의 법칙"은 1950년대에 실린 사이러스 파킨슨의 에세이에서 유래한 개념으로, 기본적으로 '일은 할당된 시간 내에서 부풀어 오른다'는 것을 주장합니다. 이 법칙은 업무의 복잡성과 중요성에 상관없이, 우리가 일에 할당하는 시간이 그 일이 완료되는 데 필요한 시간을 결정한다는 아이디어를 내포하고 있습니다.

예를 들어 한 시간이 주어진 작업과 두 시간이 주어진 동일한 작업이 있다면, 두 시간이 주어진 작업은 더 많은 시간이 소요될 것이라는 것입니다. 이는 그 시간 동안 우리가 더 많은 세부 사항에 신경을 쓰거나, 더 많은 시간을 고민하거나, 더 많은 시간을 휴식을 취하는 등의 행동을 취하게 되기 때문입니다.

이 법칙은 시간관리에 있어 중요한 교훈을 제공합니다. 그것은 바로 우리가 우리의 시간을 어떻게 배분하고 사용하는지가 우리의 생산성에 큰 영향을 미친다는 것입니다. 따라서, 우리는 우리의 일에 합리적인 시간을 할당하고, 그 시간 동안 효율적으로 일해야 합니다.

또한, 이 법칙은 우리가 우리의 일에 명확한 마감 시간을 설정하는 것의 중요성을 강조합니다. 마감 시간이 있다면, 우리는 그 시간 내에 일을 완료하기 위해 더욱 집중하게 되고, 이는 우리의 생산성을 향상시킵니다.

03
시간관리를 통해
목표를 이룬 사람들의 이야기

시간관리를 통해 목표를 이룬 사람들의 이야기는 우리에게 시간을 어떻게 활용하느냐가 성공에 결정적인 역할을 한다는 것을 보여줍니다. 목표를 설정하고, 그 목표를 위해 필요한 시간을 확보하며, 각각의 작업에 우선순위를 두는 것이 중요합니다. 이렇게 하면, 우리는 일상생활에서 발생하는 여러 가지 방해 요소로부터 벗어나 우리의 목표를 향해 집중적으로 나아갈 수 있습니다. 이러한 방식으로 시간을 관리하면, 크거나 작든 목표를 달성하는 데 성공할 수 있습니다.

JK 롤링

JK 롤링은 해리 포터라는 세계적인 베스트셀러를 집필한 저자입니다. 그녀의 삶은 가난과 실직, 심지어는 우울증에 시달렸지만 그녀는 그 어려움 속에서도 창작의 시간을 찾아냈습니다. 그녀의 시간관리 전략 중 하나는 명확한 목표 설정이었습니다. 롤링은 해리 포터라는 이야기를 완성하는 것을 목표로 삼았고, 이 목표를 향해 일정을 계획했습니다. 그녀는 작가로서의 업무를 우선순위로 두었고, 이를 위해 필요한 시간을 확보했습니다. 그녀의 딸이 잠든 시간, 커피숍에서의 짬짬이 시간 등을 활용해 작가로서의 업무를 수행했습니다. 이렇게 그녀는 시간을 효율적으로 활용하여 해리 포터라는 대작을 완성할 수 있었습니다.

토머스 에디슨

토머스 에디슨은 발명가로서 그의 성공은 끊임없는 실험과 노력, 그리고 시간관리 능력에서 기인합니다.

에디슨은 그의 유명한 말 "성공은 1%의 영감과 99%의 땀으로 이루어진다"에서 알 수 있듯이, 그는 실패에 대한 두려움보다는 꾸준한 노력과 시간 투자의 중요성을 강조했습니다.

그는 실험에 엄청난 시간을 투자했으며, 그는 실패를 경험하더라도 그것을 배움의 기회로 받아들였습니다. 그의 대표적인 발명인 전구는 수천 번의 실패 끝에 완성된 것으로 알려져 있습니다.

또한 에디슨은 시간을 효율적으로 활용하는 방법을 잘 알고 있었습니다. 그는 낮과 밤을 가리지 않고 일했으며, 그의 연구소에서는 항상 불이 꺼지지 않았다고 전해집니다.

이런 에디슨의 사례는 우리에게 목표를 이루기 위해 필요한 시간을 아끼지 않아야 한다는 중요한 교훈을 줍니다. 그리고 그의 끈질긴 노력과 실패를 두려워하지 않는 자세는 우리 모두에게 본보기가 될 수 있습니다.

마하트마 간디

마하트마 간디는 인도의 독립 운동가이자 평화주의자로, 그의 성공은 끈질긴 노력, 비폭력주의, 그리고 탁월한 시간관리 능력에서 비롯되었습니다.

간디는 인도의 독립을 위한 투쟁에서 비폭력주의를 강조하였습니다. 그는 평화적인 방법으로 목표를 달성하려 했고, 이를 위해 시간과 노력을 아끼지 않았습니다. 그의 저항 운동은 그가 명확한 목표를 가지고 그것을 향해 꾸준히 나아가는 방법을 보여주는 좋은 예입니다.

또한, 간디는 시간관리의 중요성을 잘 이해하고 있었습니다. 그는 자신의 일상에서 까다로운 시간관리를 실천하였고, 이를 통해 인도의 독립을 이끌어내는 데 중요한 역할을 하였습니다.

간디의 사례는 우리에게 목표를 이루기 위해 필요한 시간을 아끼지 않아야 한다는 중요한 교훈을 줍니다. 또한, 그의 비폭력주의와 시간관리 능력은 우리 모두에게 본보기가 될 수 있습니다.

알베르트 아인슈타인

알베르트 아인슈타인은 이론 물리학의 대표적인 인물로, 그의 성공은 깊이 있는 사고와 탁월한 시간관리 능력에서 비롯되었습니다.

아인슈타인은 자신의 대부분의 시간을 사색하는 데에 투자하였습니다. 그는 복잡한 물리학적 문제를 해결하기 위해 많은 시간을 생각하는 데에 보냈습니다. 특히, 그의 상대성 이론은 그가 무수히 많은 시간을 고민하고 연구한 결과였습니다.

아인슈타인은 "아이디어를 키우는 데에는 시간이 필요하다"라는 유명한 말을 남겼습니다. 이 말은 아이디어가 순간적으로 떠오르는 것이 아니라 꾸준한 생각과 고민을 통해 성장하고 발전한다는 것을 의미합니다.

이런 아인슈타인의 사례를 통해, 우리는 목표를 이루는 데 필요한 시간을 아끼지 않아야 하며, 깊이 있는 사고를 통해 큰 성과를 얻을 수 있다는 것을 배울 수 있습니다. 또한, 그의 끊임없는 고민과 연구는 우리 모두에게 본보기가 될 수 있습니다.

벤저민 프랭클린

벤저민 프랭클린은 미국의 초창기를 대표하는 인물 중 한 명으로, 그는 정치가, 사회 개혁가, 발명가, 사업가 등 다양한 역할을 수행하였습니다. 그의 성공은 그의 노력, 다재다능함, 그리고 탁월한 시간관리 능력에서 기인합니다.

프랭클린은 그의 유명한 말 "시간은 돈이다"에서 알 수 있듯이, 시간의 가치를 깊이 이해하고 있었습니다. 그는 시간을 절약하고 효율적으로 활용하는 것이 성공의 핵심이라고 믿었습니다.

프랭클린은 자신의 하루를 까다롭게 계획했습니다. 그는 자신의 시간을 효과적으로 사용하기 위해 하루를 시간대별로 구성하였고, 그의 목표를 이루기 위해 필요한 시간을 확보하였습니다.

그의 이러한 시간관리 방식은 그가 다양한 분야에서 성과를 이루어내는 데 도움이 되었습니다. 그는 이 방식을 통해 개인적인 목표를 달성하였을 뿐 아니라, 그의 사회 개혁 운동과 발명 활동을 성공적으로 수행할 수 있었습니다.

프랭클린의 사례는 우리에게 시간관리의 중요성을 강조하며, 우리의 목표를 이루기 위해 필요한 시간을 아끼지 않아야 한다는 중요한 교훈을 줍니다.

마이클 조던

마이클 조던은 전설적인 농구 선수로, 그의 성공은 끊임없는 연습, 놀라운 재능, 그리고 탁월한 시간관리 능력에서 기인합니다.

조던은 자신의 농구 실력을 향상시키기 위해 많은 시간을 연습에 투자하였습니다. 그는 팀 연습뿐만 아니라 개인 연습에도 많은 시간을 할애하였으며, 이를 통해 그의 농구 실력을 끊임없이 향상시켰습니다.

또한, 조던은 시간을 효율적으로 활용하는 방법을 잘 알고 있었습니다. 그는 연습, 경기, 휴식 등 그의 일정을 잘 관리하였고, 이를 통해 최고의 성과를 내는 데 필요한 체력과 집중력을 유지할 수 있었습니다.

이런 조던의 사례를 통해, 우리는 목표를 이루는 데 필요한 시간을 아끼지 않아야 하며, 꾸준한 노력과 연습이 큰 성과를 낳는

다는 것을 배울 수 있습니다. 또한, 그의 끊임없는 노력과 시간관리 능력은 우리 모두에게 본보기가 될 수 있습니다.

스티븐 킹

스티븐 킹은 현대 공포 소설의 대표적인 작가로, 그의 성공은 끊임없는 창작 활동, 열정, 그리고 탁월한 시간 관리 능력에서 기인합니다.

킹은 자신의 대부분의 시간을 글쓰기에 투자하였습니다. 그는 매일 최소한 2,000단어를 쓰는 것을 목표로 하였고, 이 목표를 향해 일관되게 작업하였습니다. 그의 이러한 노력은 그에게 많은 베스트셀러를 낳는 성과를 가져다주었습니다.

또한, 킹은 시간을 효율적으로 활용하는 방법을 잘 알고 있었습니다. 그는 글쓰기에 필요한 시간을 확보하기 위해 다른 일상 활동을 최소화하였고, 이를 통해 그의 창작 활동을 지속적으로 유지할 수 있었습니다.

킹의 사례는 우리에게 목표를 이루는 데 필요한 시간을 아끼지 않아야 하며, 꾸준한 노력과 창작 활동이 큰 성과를 낳는다는 것을 보여줍니다. 또한, 그의 끊임없는 창작 활동과 시간관리 능력은 우리 모두에게 본보기가 될 수 있습니다.

이러한 사례들은 목표를 향한 끈질긴 노력과 효율적인 시간관리의 중요성을 보여줍니다. 각자의 목표를 이루기 위해 필요한 시간을 아끼지 않고, 잘 계획하여 사용하는 것이 중요합니다.

제5장

시간관리에 도움이 되는 도구들

성공한 사람들의 20가지 시간관리 습관

01
플래너

플래너는 시간을 관리하는 데 매우 중요한 도구입니다. 그것은 우리가 우리의 일정을 추적하고, 목표를 설정하고, 시간을 효과적으로 계획하는 데 도움을 줍니다. 플래너는 '계획을 세우는 사람'이라는 뜻이지만, 여기서는 '계획을 세우는 데 도움을 주는 도구'라는 의미로 사용됩니다. 플래너를 사용하면 시간을 더욱 효과적으로 활용할 수 있습니다.

　일반적으로 플래너는 시간, 일정, 목표 등을 기록하고 관리할 수 있는 공간이 제공됩니다. 이를 통해 우리는 일상의 혼란스러움을 줄이고, 시간을 효율적으로 활용하며, 목표를 달성하는 데 필요한 계획을 세울 수 있습니다.

플래너를 사용하는 방법은 사람마다 다릅니다. 일부 사람들은 물리적인 플래너를 선호하며, 다른 사람들은 디지털 플래너를 선호합니다. 또한, 일부 사람들은 하루를 시간별로 계획하는 것을 선호하며, 다른 사람들은 주요한 일정만을 기록하는 것을 선호합니다.

또한 플래너는 생각과 아이디어를 정리하고 보존하는 효과적인 수단으로 이용될 수 있습니다. 그것은 단순한 일정 관리 도구를 넘어서, 개인의 창의력과 생각을 조직화하며 성장하는 데 도움을 주는 중요한 도구가 될 수 있습니다. 이러한 효과를 얻는 주요 방법들은 다음과 같습니다.

첫째로, 아이디어의 보존입니다. 우리는 때때로 뛰어난 아이디어를 떠올리지만 바쁜 일상 속에서 그것들을 잊어버리는 경우가 많습니다. 이런 아이디어를 플래너에 즉시 적어두면, 언제든지 참조할 수 있어 잊어버릴 위험이 줄어듭니다.

둘째로, 생각의 정리입니다. 복잡한 생각을 플래너에 적으면서, 그것들을 정리하고 명확하게 이해하는 데 도움이 됩니다. 글로 적는 과정에서 머릿속의 흩어진 생각들이 조직화되고, 더욱 명확한 방향성을 갖게 됩니다.

셋째로, 목표의 설정입니다. 플래너에 목표를 적으면, 그것이 구체적이고 명확해집니다. 이렇게 명확한 목표를 가지게 되면, 그것을 달성하기 위한 계획을 세우는 데 도움이 됩니다.

마지막으로, 반성과 성장입니다. 하루의 마지막에 플래너를 보면서 그날의 생각과 경험, 행동을 되돌아보는 시간을 가질 수 있습니다. 이러한 반성의 시간은 스스로를 이해하고, 성장하는 데 매우 중요한 과정입니다.

결국, 플래너는 우리의 생각, 계획, 목표를 체계적으로 정리하고 관리하는 데 도움을 주는 도구입니다. 이를 통해 우리는 시간을 더 효율적으로 활용하고, 목표를 더 확실히 달성할 수 있습니다.

02
타이머

타이머를 사용하면 우리는 우리의 작업에 대한 집중력을 높이고, 생산성을 향상시킬 수 있습니다. 타이머는 우리의 시간을 효과적으로 관리하는 데 도움을 줍니다.

타이머를 사용하는 한 가지 방법은 '포모도로 기법'입니다. 시간관리 방법 중 하나로, 특히 집중력을 높이고 작업 효율성을 향상시키는 데 도움을 줍니다.

포모도로 기법은 이탈리아어로 '토마토'를 의미하며, 이 기법의 창시자인 프란체스코 시릴로가 사용했던 토마토 모양의 타이머에서 이름이 유래되었습니다.

이 기법은 아래와 같은 간단한 단계로 구성되어 있습니다.

1. 작업을 선정합니다.

2. 타이머를 25분으로 설정합니다. 이 25분이 바로 '포모도로' 입니다.

3. 타이머가 울릴 때까지 집중해서 작업합니다.

4. 25분이 지나면, 잠시 휴식을 취합니다. 일반적으로 이 휴식 시간은 5분입니다.

5. 이런 주기를 네 번 반복한 후에는 좀 더 긴 휴식을 취합니다. 이 긴 휴식 시간은 보통 15-30분입니다.

포모도로 기법의 핵심은 시간을 특정한 간격으로 분할하여 작업에 집중하는 것입니다. 이렇게 하면 작업을 시작하는 부담을 줄이고, 더욱 집중적으로 일할 수 있습니다. 또한 정해진 시간 동안만 작업하고 그 후에는 휴식을 취하게 되므로, 작업으로 인한 피로를 줄일 수 있습니다.

이 기법은 학습, 작업, 프로젝트 관리 등 다양한 분야에서 효과적으로 활용될 수 있습니다.

또 다른 방법은 '타임 박싱'입니다. 특정 시간 동안 수행할 작업을 '박스'로 나누는 방법을 말합니다. 이 방법은 우리가 우리의 시간을 효과적으로 계획하고, 우리의 작업에 집중하게 돕습니다.

타임 박싱을 사용하는 방법은 다음과 같습니다.

1. 우선, 수행할 작업을 목록으로 만듭니다.
2. 각 작업에 대해 얼마나 많은 시간이 필요한지 추정합니다.
3. 각 작업을 특정 시간대에 할당합니다. 이 시간대를 '박스'라고 생각하면 됩니다.
4. 할당된 시간 동안에는 해당 작업에만 집중합니다.
5. 작업이 끝나면, 다음 '박스'로 이동합니다.

타임 박싱의 장점은 여러 가지가 있습니다. 먼저 이 방법은 우리가 시간을 더욱 효과적으로 관리하도록 돕습니다. 또한 이 방법은 우리가 작업에 집중하도록 돕습니다. 마지막으로 이 방법은 우리가 우리의 작업을 더욱 효과적으로 계획하고 조직화하는 데 도움을 줍니다.

'타이머'는 시간관리에 있어 중요한 원칙입니다. 타이머를 사용하면 우리의 시간을 더욱 효과적으로 활용하고, 목표를 달성하는 데 필요한 시간을 줄일 수 있습니다. 이 원칙을 따르면, 여러분은 성공을 향한 길을 열 수 있습니다.

03
Google Calendar

Google Calendar는 구글에서 제공하는 무료 온라인 캘린더 서비스입니다. 이 서비스를 이용하면 일정을 쉽게 관리하고 공유할 수 있습니다. 아래는 Google Calendar의 주요 기능들입니다.

1. 개인 일정 관리

개인의 일정을 간편하게 관리할 수 있습니다. '새로운 일정 추가'를 클릭하고 일정의 이름, 날짜, 시간 등을 입력하면 됩니다. 또한 반복 일정도 설정할 수 있어 매주 수요일 오후에 스터디 모임이 있다면 이를 한 번에 설정할 수 있습니다.

2. 공유 기능

일정을 다른 사람과 공유하는 기능도 제공합니다. 특정 일정을 선택하고 '게스트 추가'를 클릭하여 이메일 주소를 입력하면 그 사람과 일정을 공유할 수 있습니다. 이 기능을 이용하면 회의나 모임 등을 효과적으로 조율할 수 있습니다.

3. 알림 기능

사용자가 일정을 잊지 않도록 알림 기능을 제공합니다. 일정을 추가할 때 '알림 추가'를 선택하고 알림 시간을 설정하면 해당 시간에 알림이 울립니다. 이 기능을 활용하면 중요한 일정을 놓치지 않을 수 있습니다.

4. 여러 캘린더 관리

여러 캘린더를 동시에 관리하는 기능도 제공합니다. '다른 캘린더 추가'를 클릭하고 캘린더의 이름을 입력하면 새로운 캘린더를 생성할 수 있습니다. 이 기능을 이용하면 업무용 캘린더와 개인용 캘린더를 분리하여 관리할 수 있습니다.

Google Calendar를 통해 시간을 체계적으로 관리하면 생산성을 향상시킬 수 있습니다. 이를 활용하여 일상생활이나 업무를 더욱 효율적으로 진행해보시길 권장드립니다.

04
Trello

Trello는 프로젝트 관리와 개인의 일정 관리에 효과적인 온라인 도구입니다. 보드, 리스트, 카드라는 세 가지 주요 요소로 구성되어 있습니다. 이를 통해 일정을 시각적으로 관리하며, 협업에도 유용하게 사용할 수 있습니다.

  1. 보드 : 보드는 크게 프로젝트나 주제를 나타냅니다. 예를 들어 "가족 여행 계획"이라는 보드를 만들 수 있습니다.

  2. 리스트 : 보드 내에는 여러 개의 리스트를 만들 수 있습니다. 리스트는 일정이나 작업의 단계를 나타냅니다. 예를 들어 "할 일", "진행 중", "완료" 등의 리스트를 생성할 수 있습니다.

3. 카드 : 리스트 내에는 카드를 추가할 수 있습니다. 카드는 구체적인 작업이나 일정을 나타냅니다. 각 카드에는 설명, 체크리스트, 마감일, 첨부파일 등을 추가할 수 있습니다.

출처 : trello.com

Trello의 주요 기능은 다음과 같습니다.

· 협업 : 여러 사람과의 협업에 효과적입니다. 보드를 공유하고, 카드에 멤버를 추가하면, 팀원들과 일정을 공유하고 업무를 분배할 수 있습니다.
· 알림 : 카드에 마감일을 설정하고, 이를 통해 알림을 받을 수 있습니다. 이를 통해 중요한 일정을 놓치는 일이 없습니다.
· 다양한 플랫폼 지원 : 웹뿐만 아니라 스마트폰 앱도 지원하

여, 언제 어디서든 일정을 확인하고 관리할 수 있습니다.

· 통합 : Google Calendar, slack 등 다른 앱과의 연동이 가능
합니다. 이를 통해 일정 관리와 소통을 한 번에 해결할 수
있습니다.

Trello를 활용하면 일정과 작업을 체계적으로 관리하고, 협업
을 효과적으로 진행할 수 있습니다. 이를 통해 개인의 생산성을
향상시키고, 팀의 업무 효율성을 높일 수 있습니다.

05
Evernote

에버노트는 '디지털 노트북' 같은 서비스입니다. 아이디어가 떠올랐을 때, 또는 어떤 중요한 정보를 보았을 때, 그것을 바로 에버노트에 기록할 수 있습니다. 그리고 그 기록은 언제든지 찾아볼 수 있습니다. 이런 점에서 에버노트는 생각을 정리하고, 아이디어를 발전시키는 데 매우 유용한 도구입니다.

강의를 준비하거나 미팅을 계획하는 중에 새로운 아이디어가 떠올랐다고 생각해보세요. 이럴 때 에버노트를 사용하면, 그 아이디어를 바로 기록하고, 나중에 그것을 찾아볼 수 있습니다. 그리고 그 아이디어는 다른 아이디어나 정보와 함께 카테고리별로 정리할 수 있습니다. 이렇게 하면 어떤 아이디어가 어떻게 서로 연결되어 있는지를 쉽게 파악할 수 있습니다.

다양한 형식의 콘텐츠를 저장하고 관리할 수 있습니다. 웹 페이지, 이메일, 사진, 동영상 등을 에버노트에 저장할 수 있습니다. 이런 기능은 정보를 찾고, 관리하고, 공유하는 데 매우 유용합니다.

클라우드 기반 서비스이기 때문에 어디서든 접근이 가능합니다. 따라서, 사무실에서는 데스크톱을, 집에서는 노트북을, 이동 중에는 스마트폰을 사용하여 에버노트에 접근할 수 있습니다. 이렇게 하면, 어디서든 생각을 기록하고, 정보를 찾고, 아이디어를 발전시킬 수 있습니다.

에버노트는 협업에도 매우 유용합니다. 여러분이 작성한 노트를 다른 사람과 공유하거나, 다른 사람과 협업하여 노트를 같이 작성할 수 있습니다. 이런 기능은 팀 프로젝트나 그룹 활동에 있어서 매우 유용합니다.

생각을 정리하고, 아이디어를 발전시키고, 정보를 체계적으로 관리하고, 시간을 효율적으로 활용하는 데 큰 도움이 됩니다.

에버노트는 다양한 방법으로 활용될 수 있습니다. 몇 가지 예를 들어 보겠습니다.

첫째, 여행을 계획할 때 에버노트를 활용하는 사례가 있습니다. 예를 들어 여행지에 대한 정보, 항공편 및 숙소 예약 정보, 여행 일정 등을 에버노트에 저장하고, 이를 통해 여행을 효과적으로 계획하고 관리합니다. 또한, 여행 중에 찍은 사진이나 동영상도 에버노트에 저장하여 추억을 기록하는 데 사용하기도 합니다.

둘째, 쿠킹 블로거나 요리를 좋아하는 사람들 중에는 에버노트를 활용하여 레시피를 저장하고 관리하는 사례가 있습니다. 웹사이트에서 찾은 레시피, TV 프로그램에서 본 요리 방법, 직접 만든 레시피 등을 에버노트에 저장하고, 이를 통해 레시피를 쉽게 찾아보고 관리합니다.

셋째, 디자이너나 작가 등의 창작자들 중에는 에버노트를 활용하여 자신의 작품을 기록하고 관리하는 사례가 있습니다. 에버노트에 작품 사진이나 설명, 스케치 등을 저장하고, 이를 통해 자신의 포트폴리오를 관리하고 공유합니다.

넷째, 일부 사용자들은 에버노트를 활용하여 건강관리를 하는 사례가 있습니다. 예를 들어 운동 계획, 식단, 병원 방문 기록 등을 에버노트에 기록하고, 이를 통해 자신의 건강 상태를 체크하고 관리합니다.

이처럼 에버노트는 다양한 분야에서 활용되며, 각자의 목적과
필요에 따라 다른 방식으로 사용될 수 있습니다.

출처 : evernote.com

06
RescueTime

RescueTime은 개인이나 조직이 시간을 어떻게 사용하는지를 분석하고 이해하는 데 도움을 주는 도구입니다. 이것은 우리가 자신의 시간을 더 효율적으로 사용하도록 도와주는 것을 목표로 합니다.

우리 모두는 하루에 24시간을 가지고 있습니다. 그러나 종종 우리는 이 시간을 어떻게 사용하는지에 대해 정확한 이해 없이 그냥 지나가게 됩니다. "오늘 하루가 어떻게 지나갔지?"라는 생각을 한 적이 있다면, RescueTime이 당신에게 도움이 될 수 있습니다.

당신이 컴퓨터나 스마트폰에서 어떤 액티비티에 얼마나 많은 시간을 소비하는지를 알 수 있습니다. 이는 웹 사이트 브라우징, 문서 작성, 이메일 처리, 소셜 미디어 사용 등 모든 액티비티를 포함합니다. 이 정보는 시간을 어떻게 사용하고 있는지에 대한 명확한 그림을 제공하므로, 시간관리 전략을 개선하는 데 도움이 됩니다.

예를 들어 당신이 업무 시간 중에 소셜 미디어에 너무 많은 시간을 쓰고 있다는 것을 발견했다면, 이러한 활동을 줄이기 위한 방법을 찾을 수 있습니다. 또는 당신이 특정 프로젝트에 너무 적은 시간을 할애하고 있다는 것을 알게 된다면, 이 프로젝트에 더 많은 시간을 보내기 위한 계획을 세울 수 있습니다.

또한 "목표 설정" 기능을 제공합니다. 이를 통해 당신은 특정 활동에 대한 시간 사용 목표를 설정하고, 이를 추적할 수 있습니다. 이는 당신이 자신의 시간 사용 패턴을 개선하고자 할 때 매우 유용합니다.

"불필요한 방해"를 차단하는 기능도 제공합니다. 이는 당신이 집중력을 유지하고, 중요한 작업에 집중하는 데 도움이 됩니다.

RescueTime은 당신이 시간을 어떻게 사용하는지에 대한 통찰력을 제공하므로, 당신은 더 효율적인 시간관리 전략을 개발할 수 있습니다. 이는 당신이 더 많은 일을 처리하고, 더 많은 성과를 달성하고, 그리고 더 많은 여가 시간을 가질 수 있도록 돕습니다.

이런 면에서 RescueTime은 당신의 생활을 개선하는 데 중요한 도구라고 할 수 있습니다.

출처 : rescuetime.com

07
ToDoist

ToDo 리스트는 간단히 말해서 '해야 할 일'들을 적어 놓는 목록입니다. 이 리스트는 일상생활에서부터 업무 상황까지 다양한 상황에서 활용될 수 있습니다.

첫 번째로, 우리가 해야 할 일들을 명확하게 인식하게 해줍니다. 때로는 해야 할 일이 너무 많아 어디서부터 시작해야 할지 모르는 경우가 있습니다. 이럴 때 ToDo 리스트를 작성하면, 할 일들이 한눈에 보이게 됩니다. 이는 어떤 일을 먼저 시작할지 결정하는 데 도움을 줍니다.

두 번째로, 중요한 일을 잊지 않게 해줍니다. 때때로 중요한 일을 잊어버리곤 합니다. 그러나 만약 이런 일들을 ToDo 리스트에 적어 두었다면, 그 일을 잊어버리는 일은 없을 것입니다. 이는 중요한 일을 놓치지 않게 도와주는 좋은 방법입니다.

세 번째로, 시간을 더 효율적으로 사용하게 해줍니다. ToDo 리스트를 만들 때는 가장 중요하거나 급한 일부터 적는 것이 좋습니다. 그리고 각각의 일에 대해 어느 정도의 시간을 할애해야 하는지도 함께 고려해보는 것이 좋습니다. 이렇게 하면 시간을 더 효율적으로 사용할 수 있습니다.

네 번째로, 생각을 정리하고 아이디어를 발전시키는 데 도움이 됩니다. 때때로 머릿속에 떠도는 생각이나 아이디어를 정리하는 데 어려움을 겪습니다. 이럴 때 ToDo 리스트를 활용하면, 그 생각이나 아이디어를 명확하게 정리하고 발전시킬 수 있습니다.

마지막으로, 일상의 스트레스를 줄이는 데 도움이 됩니다. 할 일이 많을수록 그 일들을 어떻게 해야 할지에 대해 스트레스를 받기 쉽습니다. 그러나 ToDo 리스트를 작성하면, 그 일들을 체계적으로 관리할 수 있기 때문에 스트레스를 줄일 수 있습니다.

출처 : todoist.com/ko

미루지 말고 바로 행동하라
성공한 사람들의 20가지 시간관리 습관

초판 1쇄 인쇄 2024년 3월 15일
초판 1쇄 발행 2024년 3월 20일

지은이 백미르
펴낸이 백광석
펴낸곳 다온길

출판등록 2018년 10월 23일 제2018-000064호
전자우편 baik73@gmail.com

ISBN 979-11-6508-558-2 (13320)

잘못 만들어진 책은 구입하신 서점에서 교환해 드립니다.
책값은 뒤표지에 있습니다.